Hugo Ganz

Stein, schon und die Entstehung des Edikts vom 9. Oktober 1807

Hugo Ganz

Stein, schon und die Entstehung des Edikts vom 9. Oktober 1807

ISBN/EAN: 9783744601092

Hergestellt in Europa, USA, Kanada, Australien, Japan

Cover: Foto ©ninafisch / pixelio.de

Weitere Bücher finden Sie auf **www.hansebooks.com**

Stein, Schön

und

die Entstehung des Edikts

vom 9. Oktober 1807.

Inaugural-Dissertation

zur

Erlangung der philosophischen Doktorwürde

an der Universität Gießen

von

Hugo Ganz.

Mainz.

Buchdruckerei von J. Gottsleben.

1885.

Inhalts-Verzeichniß.

Quellen und Hilfsmittel.

Perß, Das Leben des Ministers Freiherr von Stein. Berlin 1849—55, 6 Bände.

Aus den Papieren Theodor's von Schön. Halle 1875 --76, 4 Bände.

Lehmann, Knejebeck und Schön. Leipzig 1876.

Seeley, Life and times of Stein. 4 Bände, 1879.

Zu Schutz und Trutz, am Grabe Schön's von einem Ostpreußen. Berlin 1876.

Gneist, Die Denkschriften des Freiherrn v. Stein; preußische Jahrbücher. Band 37, S. 456 ff.

v. **Ranke**, Denkwürdigkeiten des Staatskanzlers Fürsten v. Hardenberg von 1806—1813.

Stellung der Aufgabe.

Die preußische Gesetzgebung von 1807—1811 hat eine gewaltige Arbeit gethan. Aus Ständen, die durch gesetzlich sanctionirte Schranken von einander getrennt waren, hat sie ein Volk geschaffen, in dem nun jeder nach Maßgabe seiner Kräfte jede Stellung in Staat und Gesellschaft erringen kann. Sie hat jede persönliche Unfreiheit und Gebundenheit beseitigt und damit auf friedlichem Wege das geleistet, was in Frankreich nur durch die blutige Revolution von 1789 erreicht worden ist. Die Namen Stein und Hardenberg, mit denen sich im Bewußtsein der Nation das Andenken an diese glorreiche Epoche verflochten hat, sind mit unverlöschlichen Lettern in das Gedächtnis jedes Geschichtskundigen eingegraben.

Eine urkundliche, erschöpfende Geschichtsdarstellung jener Gesetzgebung existirt noch nicht; das Buch von Pertz „Das Leben des Ministers Freiherrn von Stein" kann trotz seines reichen Materials nicht als solche gelten.

So ist es denn möglich gewesen, daß lange nach der großen Zeit man es wagen konnte, gestützt auf hinterlassene Papiere eines Mitarbeiters am Reformwerk, dem Freiherrn vom Stein sein Ansehen als leitender Kopf unter den Reformatoren, vor allem aber sein Verdienst um das Zustandekommen des großen Emancipationsedikts vom 9. Oktober 1807 zu bestreiten. Mit diesem Versuche haben wir's zu thun; wir wollen die Angaben Theodor's v. Schön auf ihre Richtigkeit prüfen, wo sich ihre Irrigkeit ergiebt, den richtigen Sachverhalt darstellen.

Erstes Kapitel

Das Edikt vom 9. Oktober 1807.

Was ist denn nun der Inhalt dieses großen Edikts, daß es der Mühe wert erscheinen kann, aus der Zuteilung des Verdienstes seiner Urheberschaft eine Streitfrage zu machen?

Nun, es ist das erste, bahnbrechende Gesetz der Reformepoche, das Programm enthaltend der ganzen Reformarbeit, und weit wichtiger als Proklamation dieses Programms, wie in den Maßregeln die es selbst durchgeführt hat.

Der Ruhm dies Edikt geschaffen zu haben, vielleicht im Kampf gegen die Zeitgenossen es geschaffen zu haben, wäre allerdings gleichbedeutend mit dem des Reformators Preußens. Das nimmt Schön für sich in Anspruch; ehe wir aber zur Prüfung dieser Ansprüche übergehen, haben wir erst noch eine andere Arbeit zu erledigen.

Wir haben oben eine Charakteristik des Edikts gegeben. Diese Charakteristik wird nicht ohne Widerspruch aufgenommen werden, denn sie ist wesentlich verschieden von der allgemeinen Auffassung des Wesens unseres Edikts. Diese unsre Auffassung haben wir somit erst zu begründen, umsomehr als eine genaue Erkenntnis des Edikts bei der Frage nach den Vorstadien der in ihm zum Ausdruck gekommenen Gedanken gar nicht zu entbehren ist.

Welche Meinung hegt man denn im Allgemeinen von der Bedeutung des Edikts? Allgemein die, daß sie in nichts anderem bestehe, als in der Aufhebung der Erbunterthätigkeit, dem ersten Schritte zur vollen Eman=

zipation des Bauernstandes. An einen weiteren, gar wichtigeren, Inhalt denkt man nicht. Pertz[1]) überschreibt den ganzen vom Edikt handelnden Abschnitt: „Aufhebung der Erbunterthänigkeit". Max Lehmann[2]) in seinem Buche „Knesebeck und Schön" sagt: Das Edikt vom 9. Oktober 1807 verdankt seinen Ursprung nicht einem plötzlichen von Außen gegebenen Impulse; es ist der Schlußstein einer stetigen, auf dem Boden des preußischen Stats vollzogenen, Entwicklung, deren Ursprung älter ist als die Formulirung der unveräußerlichen Menschenrechte. — — Wer hat nicht gehört von dem merkwürdigen Versuche des Luben von Wulfen, welcher zur Zeit des ersten Königs die harten Dienste der Domainenbauern aufheben und ihre persönlichen Leistungen in ein Dienstgeld verwandeln wollte? Wer wüßte nicht, daß Friedrich Wilhelm I., die Leibeigenschaft der Domaineneinsassen, wenigstens im Königreich Preußen, gänzlich aufgehoben, auf Ermäßigung der bäuerlichen Lasten hingewirkt?" ... Er zählt dann weiter eine Reihe von bauernfreundlichen Maßregeln auf, die vor das Edikt fallen, und welche „die ersten Stadien der Entwicklung" sein sollen, die „das Edikt zum Abschluß gebracht" hat. Wir sehen M. Lehmann ist der Ansicht, das Wesen des Oktoberedikts bestehe in der Emanzipation des Bauernstandes.

Ebenso spricht sich Johannes Heller in seinem Aufsatz „Die Beziehungen der unterthänigen Bauern zu Staat und Gutsherrn unter Friedrich Wilhelm I." aus[3]). Auch er sieht in den Maßregeln Friedrich Wilhelm I. Vorstadien des Oktoberedikts.

Diese Ansicht ist nicht schwer zu widerlegen. Es wird z. B. Niemand Friedrich dem Großen Wohlwollen für den Bauernstand absprechen; nach den Publikationen von Stadelmann, wäre das ja auch ganz unmöglich; wird darum aber Jemand behaupten wollen, daß Friedrich der Große jemals seine Unterschrift zu dem Edikt selbst gegeben hätte? daß er eingewilligt hätte in die Beseitigung der alten, ständischen Gliederung des Volks, jedes gesetzlichen Unterschieds zwischen Adel, Bürger- und Bauernstand? Das wird kein einigermaßen Geschichtskundiger wagen, und damit wäre ja schon die alte Auffassung von dem Wesen des Edikts über den Haufen geworfen.

Es muß uns der Gedanke kommen, daß die Emanzipation des Bauernstands von ganz verschiedenen Standpunkten aus gefordert werden konnte, und daß die beiden Linien, die sich in diesem einen Punkte treffen, sonst sehr weit auseinandergehen! So ist es auch in Wahrheit.

---

1) II., S. 3. — 2) S. 105 ff. — 3) Im neuen Reich 1881, S. 161 ff.

Wenn die Staatsmänner des 18. Jahrhunderts die Emanzipation des Bauernstandes erstrebt haben, so geschah es aus ganz anderen Gründen, als diejenigen waren, die die Verwirklicher derselben bestimmt haben; und zwar aus so grundverschiedenen, daß wohl sämmtliche vorrevolutionären preußischen Staatsmänner sich bekreuzt hätten vor Entsetzen, wenn sie die Gründe gehört hätten, aus denen man nachher die auch von ihnen erstrebte Maßregel durchgeführt hat; wenn sie den ganzen Inhalt des Edikts gesehen hätten, mit dessen einem Punkte sie wohl einverstanden gewesen wären.

Der Engländer Seeley[1] hat weit richtiger als M. Lehmann und Heller, die beide vor Seeley über unsre Frage sich geäußert haben, das Wesen des Edikts erkannt. Er teilt es ganz richtig in drei grundverschiedene Partieen: Freigebung des Güterverkehrs, der Wahl von Beruf und Gewerbe, Aufhebung der Erbunterthänigkeit. Dennoch genügt auch seine Darlegung nicht, denn er erklärt unserer Meinung nach nicht den einheitlichen Charakter, der trotz alledem in diesen verschiedenen Teilen sich zeigt, den übergreifenden Gedanken, das Prinzip, dessen Anwendung auf verschiedene Materien er recht wohl auseinanderhält. Wir müssen im Gegensatz zu allen genannten Betrachtern den Schwerpunkt des Edikts in der Verkündigung des **Prinzips** suchen; in der Verkündigung darum, weil dies Prinzip hier zum ersten Mal offiziell als maßgebend für alle zukünftige Regelung bürgerlicher Verhältnisse bezeichnet wird, weil darin der Gegensatz zu den früheren sozialpolitischen Anschauungen in den schärfsten Ausdrücken ausgesprochen wird und weil endlich keine der im Edikt verfügten Maßregeln schon im Augenblick durchführbar war. Aus diesen drei Gründen suchen wir die Bedeutung des Edikts nicht in irgend einer seiner Maßregeln, mag sie immerhin von der größten Bedeutung sein, sondern in der Proklamation des neuen, erlösenden Prinzips, und als solche Proklamation, als erhebende Apostrophe an das davon berührte Volk wurde es auch aufgefaßt von seinen Schöpfern selbst, wie wir nun sogleich sehen werden.

Das Edikt ist überschrieben:

„Edikt den erleichterten Besitz und den freien Gebrauch des Grundeigenthums sowie die persönlichen Verhältnisse der Landbewohner betreffend.“

— Der Titel ist schon richtiger, als der bloße: „Aufhebung der Erbunterthänigkeit“ gewesen wäre, aber auch er genügt nicht, denn wir werden sehen, daß das Edikt keineswegs, wie man nach dieser Ueberschrift meinen könnte, eine bloße Agrarmaßregel gewesen ist —

[1] Bd. II, 18 ff.

Eine denkwürdige Motivirung geht ihm voran.

Sie heißt: „Nach eingetretenem Frieden hat uns die Vorsorge für den gesunkenen Wohlstand unserer Unterthanen, dessen baldigste Wieder=herstellung und möglichste Erhöhung vor Allem beschäftigt. Wir haben hierbei erwogen, daß es bei der allgemeinen Noth die uns zu Gebote stehenden Mittel übersteige, jedem Einzelnen Hilfe zu verschaffen, daß es ebensowol den unerläßlichen Forderungen der Gerech=tigkeit als den Grundsätzen einer wohlgeordneten Staats=wirtschaft gemäß sei, Alles zu entfernen, was bisher den Einzelnen hinderte, den Wohlstand zu erlangen, den er nach Maßgabe seiner Kräfte zu erreichen fähig war.“

Hier ist also nicht mehr die Rede von momentaner Not, hier heißt es: unsere Gesellschaftsverfassung ist so ungerecht und fehlerhaft ein=gerichtet, daß hieraus allein alle Not entspringt, die jetzt nur durch äußeres Unglück besonders bemerklich gemacht wird; diese fehlerhafte Verfassung zu verbessern, wird unsere erste Aufgabe sein, und das Mittel, das wir dabei anwenden ist dies: „Alles zu entfernen, was bisher den Einzel=nen hinderte, den Wohlstand zu erlangen, den er nach Maß=gabe seiner Kräfte zu erreichen fähig ist“. Dies ist denn auch das Prinzip, in dessen Verkündigung die Bedeutung des Edikts zu suchen ist.

Daß solch ein Prinzip himmelweit verschieden ist, von den noch im preuß. Landrecht (1794) gesetzlich zum Ausdruck gekommenen An=schauungen, brauchen wir wohl nicht besonders zu beweisen. Jeder auch nur einigermaßen Geschichtskundige weiß, daß hier etwas ganz Neues, vor der französischen Revolution Unerhörtes geschaffen war.

Der folgende Satz der Motivirung gibt die Objekte an, auf welche das Prinzip nun zuerst angewandt werden soll: „Wir haben ferner er=wogen, daß die vorhandenen Beschränkungen theils in Besitz und Genuß des Grundeigenthums, theils in den persönlichen Verhältnissen des Land=arbeiters Unserer wohlwollenden Absicht vorzüglich entgegenwirken und der Wiederherstellung der Kultur eine große Kraft seiner Thätigkeit ent=ziehen, jene indem sie auf den Werth des Grundeigenthums und den Kredit des Grundbesitzers einen höchst schädlichen Einfluß ausüben, diese, indem sie den Werth der Arbeit verringern. Wir wollen daher beide auf diejenigen Schranken zurückführen, welche das gemeinsame Wohl noth=wendig macht. — —“

Soweit die Motivirung. Wir werden nun die einzelnen Para=graphen mit Rücksicht auf ihre Bedeutung für die Erkenntnis des Edikts näher in's Auge fassen.

Der Paragraph 1 heißt:

„Freiheit des Güterverkehrs

Jeder Einwohner unserer Staaten ist, ohne alle Einschränkung in Beziehung auf den Staat, zum eigenthümlichen und Pfandbesitz unbeweglicher Grundstücke aller Art berechtigt; der Edelmann also zum Besitz nicht blos adeliger, sondern auch unadeliger, bürgerlicher und bäuerlicher Grundstücke aller Art, und der Bürger und Bauer nicht blos zum Besitz bürgerlicher, bäuerlicher und anderer unadeliger, sondern auch adeliger Grundstücke, ohne daß der eine oder der andere zu irgend einem Güter-Erwerb einer besonderen Erlaubnis bedarf, wenngleich nach wie vor jede Besitzveränderung den Behörden angezeigt werden muß".

Uebersetzen wir uns diesen Paragraphen in's Praktische, so heißt er: Die Begriffe adeliges, bürgerliches, bäuerliches Gut existiren fortan für die Praxis nicht mehr. Der alte Adel, soweit er auf dem Grundbesitz beruhte, war durch diesen Paragraphen vernichtet, zum leeren Titel geworden.

Verschärft wird diese unausgesprochen negirende Tendenz noch durch den Zusatz: „Alle Vorzüge, welche bei Güter-Erbschaften der adelige vor dem bürgerlichen Erben hatte, und die bisher durch den persönlichen Stand des Besitzers begründete Einschränkung und Suspension gewisser gutsherrlichen Rechte fallen gänzlich weg".

Der Paragraph 2 enthüllt nun ganz unzweideutig die Tendenz des Gesetzes und paßt unter keine der landläufigen Definitionen des Wesens des Edikts. Er lautet:

„§ 2. Freie Wahl des Gewerbes.

Jeder Edelmann ist ohne allen Nachtheil seines Standes befugt, bürgerliche Gewerbe zu betreiben und jeder Bürger oder Bauer ist berechtigt aus dem Bauer- in den Bürger- und aus dem Bürger- in den Bauernstand zu treten".

Das heißt mit klaren Worten: fortan ist kein Mensch mehr gebunden an den Stand, dem er von Geburt angehört, die Geburt hat keinen Einfluß mehr auf den Beruf, jedem Streben ist freie Bahn gebrochen.

Daß damit faktisch und rechtlich der alte kastenmäßige, an die G e - b u r t gebundene Standesunterschied vernichtet war, ist klar.

Was hat nun, um auf die erst erwähnte Ansicht über das Wesen des Edikts zurückzukommen, dieser Paragraph mit der Aufhebung der Erbunterthänigkeit zu thun? Was, um mit dem Edikt selbst zu sprechen, mit dem Besitz und Genuß des Grundeigenthums oder mit den persönlichen Verhältnissen der L a n d b e w o h n e r?

Man wird uns vielleicht einwenden, daß die Gewährung der freien Berufswahl eine notwendige Konsequenz der Aufhebung der Erbunterthänigkeit gewesen sei, daß man den Bauer nicht aus seinem Unterthänigkeitsverhältnisse entlassen konnte, ohne ihm die Möglichkeit zu geben, sich einen andern Beruf zu wählen, daß dann dasselbe natürlich für die andern Stände auch in Kraft treten mußte.

Wir haben nichts dagegen. Die Unhaltbarkeit eines ganzen Systems hat sich an einem seiner Teile gezeigt; man hat eingesehen, daß die unerträglichen bäuerlichen Verhältnisse nur im Zusammenhang mit einer gründlichen und allgemeinen Sozialreform abzuändern seien; — was heißt das aber anders, als daß die Absicht, dem Bauernstand zu helfen, eben zu einer fundamentalen Sozialreform geführt hat? Hat man das Recht, nun diese a l l g e m e i n e Sozialreform mit dem Namen der Bauernemanzipation zu bezeichnen, weil diese die Veranlassung dazu war?

Daß aber die allgemeine Sozialreform beabsichtigt war, daß sie hier ihren Anfang nimmt, das zeigt dieser Paragraph. Was bedeutete die freie Wahl des Gewerbes, wenn nicht die Zerstörung der Zünfte, das Recht der Freizügigkeit, dem Manne ein andres Berufsfeld eröffneten, sobald er das seine aufgeben wollte? Also auch diese Reformen sind in unserm Gesetz, wenn auch noch unausgesprochen, gefordert, ja unvermeidlich gemacht.

Gegen diese beiden grundlegenden Paragraphen fallen nun alle übrigen in Rücksicht auf die Darstellung der Tendenz des Edikts bedeutend ab. Es sind Anwendungen des in den beiden ersten verkündeten Prinzips auf eine Reihe näher bezeichneter Gegenstände. So der § 4, der nun auch in Zukunft jede Veränderung an Größe und Zusammengehörigkeit von veräußerlichen Grundstücken, die §§ 6 und 7 die auch die Zusammenziehung von mehreren Bauernhöfen in einen erlauben, endlich die §§ 10, 11 und 12 die jede persönliche Abhängigkeit eines Statsbürgers von andern bis zum 10. November 1810 vollständig beseitigt wissen wollen.

Ein Teil der Paragraphen war augenblicklich noch ganz bedeutungslos, so die über Zusammenziehung von Ländereien, die sorgfältig verklausuliert wurden, so daß kein Gutsherr dem vorderhand seiner Stelle noch nicht gewachsenen Bauer Schaden zufügen konnte; sie alle aber erhalten ihre Wichtigkeit als Verkündiger des einen Prinzips, dessen Konsequenzen sie nach verschiedenen Richtungen hin sind.

Was ergiebt sich nun als Wesen des Edikts? Die Bauernemanzipation haben wir gesehen, erschöpft nicht seinen Inhalt, ebensowenig wie das Edikt schon die ganze Bauernemanzipation durchführen konnte. Das Edikt stößt überall um, proklamiert Neues, führt aber noch nichts vollständig durch; wir haben also kein Gesetz gewöhnlichen Schlages vor uns, sondern eine Kundgebung, deren Wichtigkeit nicht in einzelnen ihrer Teile, sondern im Grundgedanken zu suchen, der als neu und erlösend verkündet ist, und dieser Gedanke heißt: Völlige Vernichtung aller Privilegien, gleiche Gesetze für Alle, innerhalb deren das Individuelle nur noch durch eigene Kraft sich erhalten kann und soll.

Zweites Kapitel.

Die Behauptungen Schön's.

Es ist nun höchst merkwürdig, daß die Verkennung unsres Edikts nicht erst von den späteren Betrachtern herrührt, sondern sogar schon bei dem Manne sich findet, der in seinen hinterlassenen Papieren sich allein das Verdienst seines Zustandekommens zuschreibt. Schön gedenkt in diesen seinen Bemühungen um den Lorbeer des Reformators, lediglich der Aufhebung der Erbunterthänigkeit und des prinzipiellen Charakters der Reformgesetzgebung erinnert er sich blos da, wo es ihm gilt dem Freiherrn vom Stein den Anteil an diesen Gedanken zu bestreiten. Wir dürfen uns durch diese Verdunkelung der Schön'schen Erinnerung nicht beirren lassen. Das vorstehende Kapitel zeigt, daß wir in unserer Untersuchung nicht blos zu fragen haben nach dem Manne, der die Aufhebung der Erbunterthänigkeit bewirkt, sondern nach dem, der dem ganzen Programme des Edikts vom 9. Oktober Anerkennung errungen hat, der in Wahrheit der Reformator Preußens genannt werden muß. Das für sich in Anspruch zu nehmen, ist auch in Wahrheit das Bestreben Schön's; wir wollen seine Angaben zuerst hier möglichst genau wiedergeben, ehe wir an ihre Prüfung und Berichtigung gehen.

Die ersten Angaben enthält ein Kapitel seiner Selbstbiographie, überschrieben: Was that ich? Nichts was der Rede wert wäre!

Er sagt da[1]): „Als Resultat von allem, was ich als Referendar erlebte, trat am mehrsten lebendig in mir hervor die Befestigung des Ge= dankens der Vernichtung der Sklaverei. — In Berlin ging mir das Leben in der Staatskunst praktisch auf, und ein Gedanke beschäftigte mich da mehr als früher; vor allem der, die sog. Erbunterthänigkeit, die Skla= verei, diese Schmach meines Vaterlandes zu vernichten; ich schrieb darüber einen Aufsatz für Klein's Annalen. **Aber es war finster in den Köpfen und in den Herzen.** Jede Gelegenheit nahm ich wahr um amtlich und außeramtlich die Gräuel der Sklaverei zu schildern; ich lebte nur in dem Gedanken. **Aber ich sprach Arabisch zu den Leuten, die kein Wort davon verstanden.** Hardenberg schien bedeutend werden zu wollen; ich trat gleich mit der Sklaverei wieder vor, **aber Hardenbergs Kopf konnte die Sache nicht fassen und das Herz ersetzte den Kopf nicht.**"

Etwa im Jahre 1804 hatte ich in der Gesetzeskommission die Gräuel der Erbunterthänigkeit mit Wärme, ja mit Feuer geschildert — — für die westphälischen und märkischen Ohren war das aber Hirngespinst. Doch war die Sache schon so weit gekommen, daß sie sich laut zu lachen doch schämten".

„Nun kam die verlorene Schlacht bei Friedland, Hardenberg mußte aus dem Lande und der Konig bildete um sich ein Konseil, bestehend an= fangs nur aus Klewitz, Stägemann, Beyme und mir. Jetzt hoffte ich, daß es möglich sein würde, Schritte zu thun, welche der Welt zeigten, daß wir bei aller Erniedrigung wert wären ein Volk zu sein."

Die Gelegenheit war bald da. „Der Minister von Schrötter bat um die Erlaubnis, einige hundert Kühe in Kurland ankaufen zu dürfen, um dem gräßlich ruinirten Lande aufzuhelfen. Dieser materielle Antrag kam in meine Hand. Nun konnte der Gedanke, der mich seit Jahren belebte, zur rechten Stelle kommen. Mit gehöriger Kritik des Kuh= Antrags stellte ich dar, daß hier von höheren Dingen die Rede sein müsse; die Erbunterthänigkeit, dieser Gräuel unseres Staates müsse ver= nichtet werden, und ein proklamierter freier Gebrauch des Grundeigentums würde die materiellen Interessen hinreichend fördern."

„Stägemann, der Klare, trat mir gleich bei; Beyme, der Achtung für Ideen hatte, erhob sich auch zu dem Gedanken, umsomehr, da der Präsident Morgenbesser in Königsberg sich ebenso gleichzeitig geäußert hatte; Klewitz, der brave Mann, folgte natürlich."

---

1) Schön, Aus den Papieren, I, 39 ff.

„Das Gutachten wurde für mich zufällig in tiefen Schmerzen geboren. Indem ich es abfaßte, bekam ich die Nachricht, daß meine Frau in Königsberg im Sterben sei. Es kam in beiden Fällen auf 2 bis 3 Stunden an. Tief, sehr tief gebeugt, durfte ich den großen Gedanken nicht verlassen; ich schrieb mit gewaltsamer Fassung das Gutachten zu Ende und fuhr mit dem letzten Worte ab, aber ich fand meine Frau, den Engel, der mich umschwebte, nicht mehr am Leben. — —"

„Tief gebeugt war ich in Memel angekommen, als Klewitz mir die königliche Genehmigung unserer Vorschläge brachte; es solle das Gesetz zur Vollziehung vorgelegt werden. Mein ganzes und alleiniges Streben im öffentlichen Leben war erfüllt, ich hatte nur dies gewollt. Ich freute mich, die Nachricht hob mich, aber das Herz war gebrochen, die Freude bekam gleich ihr Maß. Das öffentliche Leben wurde dadurch, daß alles erreicht war, in mir ruhig; es konnte den Schmerz nicht mehr überwältigen; ich konnte das Gesetz nicht concipiren. Da übernahm dies der treue Mitgefährte auf dem großen Gange, Stägemann."

„— Alles andre, was ich im Leben that, ist nichts gegen die Lebendigwerdung der Idee der Freiheit. Das Bild des Königs kam natürlich um so höher zu stehen, weil er nun nicht mehr König von Sklaven, sondern freier Männer war."

„Das Gesetz lag fertig dem König zur Vollziehung vor, da kam Stein in Memel an. Hier ging sein Kopf mit seiner inneren Richtung durch; sein Kopf sagte ihm, daß das Gesetz gescheit sei, und sein Ehrgeiz zeigte ihm die Glorie die für ihn entstehen würde. Er nahm den Gedanken mit Wärme auf und contrasignirte das Gesetz, das er einige Zeit vor seinem Tode noch verflucht haben soll."

„Das fertig vollzogene Gesetz wurde nun zum Abdruck an den Minister Schrötter nach Königsberg geschickt. Nun war nichts mehr zu hemmen; jetzt war durch Zeichen der Theilnahme an dem Gesetz nur Ruhm zu erwerben und der Minister Schrötter, sowie der Kanzler Schrötter contrasignirten im Widerspruch mit jeder Contrasignatur (?) noch das Gesetz, nachdem es längst vom König vollzogen war. — —"

Wir sehen, trotz der bescheidenen Kapitelüberschrift denkt Schön doch nicht allzugering von seinem Verdienste: er beansprucht nichts weniger als alles für das Zustandekommen des Edikts gethan zu haben. Er ist der Apostel der großen Idee, finster war es zuvor in den Köpfen und Herzen; arabisch war das, was er sprach; erst auf seinen Anstoß hin

„erhoben" sich auch seine Collegen zu dem großen Gedanken; dem Freih. v. Stein geht das ganze Edikt gar wider seine innere Richtung; nur sein Verstand und sein Ehrgeiz, der ihm den zu erwerbenden Nachruhm vormalt, bestimmen ihn, das Gesetz zu vertreten.

Schön hat nun aber noch eine zweite Darstellung von der Entstehung des Edikts gegeben; sie steht in vielen Punkten mit der ersten im Widerspruch und berichtigt dadurch manche Entstellung. Wir geben auch sie möglichst genau wieder, ehe wir zur Kritik und Berichtigung des Gesammtergebnisses gehen. Sie ist abgedruckt in seinen Papieren als Vorbemerkung zu einem von ihm verfaßten Bericht der Immediatkommission, der wesentlich auf die Fassung des Edikts eingewirkt hat.

Da[1]) heißt es: „Es fehlte nicht an Vorschlägen wie der Noth abzuhelfen sei, und unter diesen war auch der des Administrationsministers von Schrötter, daß zwei-, dreihundert Kühe in Kurland gekauft werden sollen, um einen besseren Zustand herbeizuführen."

„Schon die früheren, einzelnen Anträge waren mir als untergeordnet zuwider gewesen. Der Kühe-Antrag des Ministers von Schrötter brachte nun meine Meinung zum Durchbruche und ich erklärte meinen beiden Collegen und Beyme, daß nothwendig allgemeine Maßregeln genommen werden müßten, welche den Geist des Volkes heben und dieses zur Benutzung seiner eigenen Kräfte anrege."

„Die Grundfehler unserer Staats-Einrichtungen müßten wir mit der Wurzel vertilgen und so dem Volke zeigen, daß nur ihm die Regierung in einem neuen Leben wandeln wolle; ich schlug vor, jede Spur der Sklaverei, sie erscheine als Leibeigenschaft, Erbunterthänigkeit, Hörigkeit, zu vernichten, den Besitz des Grundeigenthums jedem zu verstatten, den verderblichen Kampf zwischen dem Adel und den andern Ständen durch Verkettung beider aufzuheben, die freie Disposition über Grundeigenthum mit allmäliger Auflösung der bisherigen schlechten Verhältnisse zu verstatten, und den Besitzern von Majoraten und Fideikommissen, welche Institutionen politisch einen Werth haben können, statswirthschaftlich aber verderblich wären, die Verschuldung zum Retablissement zu gestatten. Meine beiden Collegen traten mir unbedingt bei, erklärten sich dafür; ich sollte die Denkschrift für den König deshalb ausarbeiten."

„Einige Tage darauf trug Beyme einen bei Sr. Majestät dem Könige eingegangenen fernerweiten Bericht über die Landesnoth bei uns

---

1) Aus den Papieren, II, 102—4.

vor, und daraus ergab sich, daß der Oberlandesgerichts-Präsident Morgen=
besser in einer in Königsberg abgehaltenen Konferenz, als einziges Mittel,
unserer Landesnoth abzuhelfen, auch die Aufhebung der mangelhaften Ein=
richtungen im Lande und namentlich der Erbunterthänigkeit in Antrag ge=
bracht habe. Schon mehrere Jahre vor dem Kriege beschäf=
tigte dieser Gegenstand alle guten Köpfe und alle guten
Herzen in Preußen. Die Zahl derer, welche Sklavensinn hatten,
war klein, aber sie war mächtig. Schrötter wollte es mit den Bessern
nicht verderben, suchte nur den Schein zu retten, aber das durch Er=
ziehung und langes Leben mit Menschen, welche die ersten Menschenrechte
verkannten, in ihn gepropfte Vorurtheil konnte er nicht besiegen.“

Hier erinnert sich Schön doch noch, daß wenigstens hie und da
noch ein kluger Kopf, auch unabhängig von ihm, auf dieselben Ideen
gekommen war. Ja noch mehr: was vorher arabisch war, selbst für die
regierenden Kreise des Staates, das wird auf einmal Gemeingut aller guten
Köpfe und Herzen! —

Welche Vorstellung ergiebt sich uns auch noch nach der zweiten
Darstellung von dem Zustandekommen des Edikts? Etwa folgende: All=
gemeine Landesnot; untergeordnete Vorschläge zur Besserung. Da tritt
Schön auf und entwickelt ein umfassendes Reformprogramm. Die Ge=
nossen stimmen begeistert bei. Schön entwirft einen diesbezüglichen Be=
richt an den König; des Königs Zustimmung wird erlangt. Ein Gesetz
soll abgefaßt werden; Schön, vom Sarge seiner Frau zurückgekehrt, kann
es nicht konzipieren; da besorgt es Stägemann nach dem Entwurfe Schöns.
Das Edikt wird dem König zur Vollziehung vorgelegt; man wartet da=
mit bis zur Ankunft Steins; durch persönliche Gründe läßt sich Stein
zur Zustimmung bewegen; er sowohl, als die beiden Schrötter unterzeich=
nen es, das Edikt ist vollzogen.

Wir haben nun den Beweis zu erbringen, daß auch diese, nun ja
ganz plausibel klingenden Angaben falsch sind, in Accentuirung und Ver=
schweigung den Zweck verfolgen, Schön's Verdienst um das Zustande=
kommen des Edikts ungebührlich zu steigern, das Anderer, namentlich
Stein's, ungebührlich herabzusetzen. Wir werden zeigen, daß Schön mit
nichten die Rolle gespielt hat, die er gespielt zu haben vorgiebt.

Zuerst wollen wir kurz seine Behauptung widerlegen, daß er wie
ein gottbegnadeter Seher unter seinen Genossen aufgetreten sei und den
seither Unwissenden das neue Evangelium der Freiheit verkündigt habe;
wir wollen zeigen, daß die angeblich Schön'schen Ideen längst schon
Eigentum aller guten Köpfe und Herzen in Preußen gewesen waren und

daß es sich nur noch um die Frage handelte, w a n n und w i e so tief=
greifende Veränderungen am besonnensten durchgeführt werden könnten.

Da brauchen wir zunächst nur hinzuweisen auf die Darstellung, die
Stadelmann in seinem Werke: „Preußens Könige in ihrer Thätigkeit für
die Landeskultur" von den Versuchen giebt, die Friedrich Wilhelm I. und
Friedrich der Große zur Emanzipation ihrer Bauern gemacht haben.
Wir erinnern an eine Kabinetsordre des letzteren[1] in derselben Ange=
legenheit, worin der König wenigstens dafür sorgen will, daß seinen
D o m ä n e n bauern ihre Güter zu erblichem Besitze gelassen werden. Aber
man kann uns noch einwenden: „So groß die Fürsorge dieser Könige
für eine Verbesserung der bäuerlichen Lage im allgemeinen auch war, so
hat doch keiner von ihnen daran gedacht, die kastenmäßige Gebundenhei
des Bauernstands und der Stände überhaupt zu vernichten, und grade in
der Vernichtung dieser wirtschaftlichen Standesschranken besteht doch das
fundamental Neue in dem Emanzipationsedikt". Gewiß, wir geben das
zu und legen darum auf die Bestrebungen des 18. Jahrhunderts nicht so
viel Gewicht, als diejenigen, die das Wesen des Edikts zu eng fassen
und nur eine Agrarmaßregel, die Aufhebung der Erbunterthänigkeit in
ihm sehen.

Dennoch war der Herr von Schön keineswegs der erste, der in
seinem Kreise sich zu den neuen Ideen bekannte. Von dem König Frie=
drich Wilhelm III. selbst ist uns bezeugt[2]), daß die modernen Anschauungen
ganz die seinen waren; die sog. Rigaer Denkschrift des Frh. v. H a r =
d e n b e r g zeigt uns, wie auch dieser von ihnen ganz durchdrungen ist,
und hätten wir selbst diese Zeugnisse nicht, so müßte uns doch die Be=
hauptung, Ideen, die nach Rousseau und Kant selbst in ihren Unrichtig=
keiten jedem Gebildeten geläufig waren, am Anfang unseres Jahrhunderts
gleichsam als Prophet vertreten zu haben, einfach lächerlich erscheinen.

Sie ist für uns abgethan. Wir gehen über zur Prüfung und Rich=
tigstellung seiner Angaben über die E n t s t e h u n g d e s E d i k t s und teilen
zunächst das Aktenmaterial mit, das für unsere Frage in Betracht kommt.

---

1) B a s s e w i ß, Die Kurmark Brandenburg, ihr Zustand und ihre Verwal=
tung unmittelbar vor dem Ausbruche des französischen Krieges im Oktober 1806.
S. 24. — 2) „Die Revolution, die Ihr von unten nach oben gemacht habt, wird
sich in Preußen von oben nach unten vollziehen. Der König ist auf seine Weise
Demokrat; er arbeitet ohne Unterlaß daran, die Vorrechte des Adels einzuschränken,
aber durch langsame Mittel; in wenigen Jahren wird es in Preußen keine feudalen
Vorrechte mehr geben". Aeußerung eines preuß. Ministers vom August 1799. Vgl.
Max Lehmann 107.

Drittes Kapitel.

Die Akten.

Das erste dieser Aktenstücke ist ein Bericht[1]) der Immediatkom=
mission vom 17. August. Der König hatte zur Beratung öffentlicher
Angelegenheiten ein Conseil um sich gebildet, die „Immediatkommission",
die bei Anwesenheit Hardenbergs bestand aus Schön, Niebuhr,
Stägemann und Altenstein, nach Altensteins und Niebuhrs Abreise
nach Königsberg nur noch aus Schön, Stägemann und Klewitz,
der für sie eingetreten war. An diese Immediatkommission war ein An=
trag Schrötter's, der von Schön mit dem Titel „Kühe=Antrag" beehrt
wurde, zur Begutachtung eingeschickt und dieses Gutachten der Immediat=
kommission, von Schön abgefaßt, ist der oben erwähnte Immediatbericht.

Sein Inhalt ist etwa folgender: Die von Schrötter vorgeschlagenen
Unterstützungen Einzelner seien 1.) unzureichend, 2) als Landesunter=
stützung angesehen, überhaupt unzweckmäßig, weil dann a) unerfüllbare
Forderungen von allen Seiten gestellt werden würden, b) dieses Sichver=
lassen auf eine imaginäre Hilfe, die allein heilsame Selbsthilfe lähmen
würde, c) die Beamten, wie die Erfahrung zeige, nach Verteilung der
Gelder ihre Pflicht gethan zu haben vermeinen würden.

Es empfehle sich daher, dieser Unterstützung nur den Charakter
eines freiwilligen Almosens zu geben, wie man „dem Verhungernden ein
Stück Brod giebt, damit sein Leben erhalten werde". Dauernde Besse=
rung könne durch solche Mittel nicht erreicht werden.

Es seien aber andere Hilfsmittel vorhanden. Die Nation habe
nämlich noch lange nicht den nach ihren Kräften höchst möglichen Wohl=
stand erreicht, man könne also durch Hinwegräumung der Hindernisse für
die Erlangung dieses Wohlstands das Land so fördern, daß es mit Leich=
tigkeit die Kriegsschäden verschmerzen und noch wohlhabender werden
könne als zuvor.

Eine Reform der unzweckmäßigen Staatseinrichtungen sei also das
einzig richtige, und zugleich durch die Pflicht gebotene Hilfsmittel; diese
bestünde aber in der Hinwegräumung der bisherigen gesetzlichen Ein=
schränkungen, in Benutzung des Vermögens und der persönlichen Kräfte.

---

1) Aus den Papieren, II, 104—128.

2*

Positive Maßregeln seien hier zunächst nötig, bei dem Stande der Landbewohner und der Lage des Grundeigentums.

Der Kredit des Grundeigentums sei durch verkehrte Einrichtungen unnötig verringert; diese Hindernisse für den höchstmöglichen Kredit seien also zu beseitigen.

Hierher zu rechnen seien:

I. **Jede Beschränkung in der Besitzfähigkeit von Grundstücken.** Diese Beschränkungen seien dem Nationalwohlstand im **allgemeinen** hinderlich und dem Stand, dem sie nutzen sollten, unter den obwaltenden Verhältnissen nur schädlich. Der Staat habe auch kein Interesse mehr an der Privilegirung des Adels.

II. Der dem Grundbesitz so ganz besonders schädliche Generalindult.

Er sei völlig im Prinzip zu verwerfen, bei seiner Beseitigung sei aber doch Rücksicht zu nehmen auf die Verhältnisse, die, auf ihn gegründet, entstanden seien:

a) auch alle Vorzüge, welche der Adel bei Güter-Erbschaften hatte;

b) alle Beschränkungen der gutsherrlichen Ehrenrechte nach dem Stande des Besitzers.

III. Jede Beschränkung in Bezug auf Veräußerung und Belastung der Grundstücke.

Es solle damit keineswegs eine gewaltsame Verhinderung jeder Fideikommiß- und Majoratsbildung gefordert sein; der Staat solle aber doch so viel als möglich zur Flüssigerhaltung der Güter beitragen, — er habe das Recht, die Nachkommen vor unwirtschaftlichen Maßregeln ihrer Vorfahren zu schützen, weil von ihm überhaupt alles Erbrecht ausgehe.

Unter I würden dann noch gehören:

IV. Alle Beschränkungen in Bezug auf den Besitz von Köllmischen Gütern. Endlich

V. Die Vorschrift, daß notwendig soviel Bauerstellen auf einem Hofe erhalten werden sollen, als einmal da waren.

Man habe diese Maßregel früher für notwendig zur Kantonirung[1] angesehen, das sei falsch. Sie sei lediglich gerechtfertigt als Schutzmaßregel des Staats für die armen Bauern bei Bestand der Erbunterthänigkeit. Sie sei aber nach der Landesverwüstung durch den Krieg überhaupt nicht mehr haltbar, wolle man nicht auf Wiederherstellung des Landes vollständig verzichten.

---

[1] Aushebung der Rekruten.

Es sei also an und für sich ratsam, nach Aufhebung aller glebae adscriptio jedem Gutsbesitzer das Recht zuzugestehen, nach Gefallen mit seinem Eigentum zu schalten wie er wolle. Um jedoch keine zu große Erschütterung im Nationalverkehr zu erzeugen, sei es ratsam, dieser Zusammenziehung des Landes Grenzen zu setzen, welche besonders bestimmt werden.

VI. Die stattfindende Unterthänigkeit oder glebae adscriptio.

Die staatswirtschaftliche Notwendigkeit und Un= schädlichkeit der Aufhebung derselben sei schon genugsam erörtert. Die einzige Bemerkung: „Es giebt keine größere Ungerechtigkeit, als wenn ein Mitunterthan eines Staats ein vernünftiges Wesen bloß deshalb, weil es auf dieser oder jener Scholle geboren ist, verhindern will, seine Kräfte auf eine dem Staate nicht nachteilige Weise zu seinem Besten anzu= wenden" begreife alles.

Der jetzige Zeitpunkt sei durchaus geeignet, die Aufhebung der Erbunterthänigkeit zu verfügen, so daß deren völlige Beseiti= gung in 4—6 Jahren vollzogen sein könne.

Die Gründe dafür seien:

1) bei dem Ueberangebot an Arbeitskräften komme eben niemand in Verlegenheit bei Erlangung von Arbeitern für den Gesinde= dienst;

2) müßten die aus dem Besitz des Grundstücks fließenden ding= lichen Verpflichtungen überhaupt fortgeleistet werden;

3) sei durch die den Gutsbesitzern gegebene Erlaubnis, die fehler= haft konstruirten Bauerhöfe in Bauerpachtungen zu verwandeln, diesen eine hinreichende materielle Entschädigung für den Verlust ihres Herrenrechtes gegeben;

4) endlich sei die Maßregel politisch absolut notwendig, weil das Land (Provinz Preußen) von durchaus freien Ländern umgeben sei, und dieser gefühlte Abstand den Unterthan erbittere.

Wenn der König einer oder der andern der hier vorgeschla= genen Maßregeln beistimme, so sei die Ausführung Sache der Provinzialbehörden.

An demselben Tage, 17. August, war auch von Schrötter, der offenbar unterrichtet von den Arbeiten der Immediatkommission, nun selbst ähnliche Forderungen stellte, ein neuer Bericht dem König übergeben wor= den. Dieser Bericht liegt zwar nicht vor, kann aber leicht rekonstruirt werden aus dem Exzerpt, das Pertz[1]) davon giebt und besser noch aus der darauf folgenden Kabinetsordre des Königs, die auf jeden Punkt desselben bis ins Detail genau eingeht.

Daraus ergiebt sich sein Inhalt etwa wie folgt:

Der Grundgedanke ist: eine Erhöhung und Festigung des Landes= wohlstands ist nur denkbar bei wesentlicher Reform verschiedener, die freie Anwendung der Kräfte eines jeden Unterthanen hindernden Staatsein= richtungen.

Es empfehle sich daher

a) **Aufhebung der Gutsunterthänigkeit**, so daß vom 10. November 1810 an beide Teile (Gutsherr und Einsasse) nur noch in gesetzlichem Vertragsverhältnisse zu einan= der ständen. Politisch sei die Maßregel notwendig um die Auswan= derung der Einsassen in die freien Nachbarlande (Herzogtum Warschau) nicht herauszufordern[2]).

Es müsse den Gutsherrn wie den Unterthanen das Recht der Auf= kündigung des Verhältnisses zustehn, und dem Unterthan das Wegziehen mit seinem unstreitigen Eigentum verstattet sein[3]).

b) Aufhebung aller den eigentümlichen= und Pfandbesitz adeliger, unadeliger und bäuerlicher Grundstücke einschränkenden Gesetze, soweit nicht die (vorher zu reorganisirende) Heeresverfassung davon abhänge[4]).

Ferner Wegfall aller Vorzüge, die bei Gütererbschaften der Adelige vor dem bürgerlichen Erben voraus hatte, und des Unterschieds, der bis= her wegen des persönlichen Stands der Besitzer in den gutsherrlichen Ehrenrechten bestand.

c) **Freie Benutzung jeder erlaubten Erwerbsquelle für jeden der seither hierin getrennten Stände**[5]). Auf= hebung des Zunftzwangs.

d) und e) **Aufhebung des Fabrikzwangs** und aller Einfuhrverbote.

f) Aufhebung des Generalindults bis zum 1. Januar 1808.

g) Vererbpachtung der Domänen und aller unter unmittelbarer Staatsaufsicht stehenden Güter.

---

1) Pertz, II, 16 ff. — 2) Er scheint etwas starke Worte, wie etwa „Knecht= schaft und Freiheit" gebraucht zu haben, was ihm der König verweist. — 3) Daß jedoch der Unterthan für das Aufgeben seines Besitzrechts entschädigt werden müsse, davon ist keine Rede. — 4) Die Immediatkommission hat, wie wir gesehen haben, alle Befürchtungen im Punkte der Kantonierung als unbegründet bezeichnet. — 5) Dieser wichtigste Bestandteil des Edikts hat, wie wir gesehen haben, in dem Be= richt der Immediatkommission gefehlt.

h) Gestattung der Vererbpachtung einzelner Höfe, Mühlen, Vor=
werke für alle Landeigentümer unter Vorbehalt billiger Bestimmungen bei
Lehns= und Fideikommißgütern.

Für die Deckung der Kriegsschulden schlägt er eine, nach einem
beigeschlossenen Gutachten des Prof. Kraus, zu billigen Bedingungen
zu erlangende Anleihe im Auslande vor, deren Verzinsung ohne neue
Auflagen durch Ersparnisse im Civil= und Militäretat möglich sei Neue
Steuern könne das Land nicht tragen.

Die Immediatkommission sei mit Abfassung eines Berichts über
Anleihe und Deckung zu beauftragen[1]).

Der König prüft sorgfältig beide Berichte. Am 23. August ant=
wortet er dem Minister Schrötter durch Kabinetsordre, dieselbe, aus
der wir den Schrötter'schen Bericht rekonstruiert haben[2]).

Der König erklärt sich vor allem einverstanden mit dem Grund=
satz: Wegräumung aller die freie Anwendung der Kräfte jedes Unter=
thanen hindernden Staatseinrichtungen, empfiehlt aber Vorsicht in Fassung
solcher Sätze. Er genehmigt vollständig alle von Schrötter gemachten
Anträge, verlangt jedoch, mit Hinweis auf die Vorschläge der Immediat=
kommission, Eingehen auf die Frage der Mobilisirungsfreiheit. Er beauf=
tragt den Minister von Schrötter und dessen Bruder, den Kanzler von
Schrötter, ein diesbezügliches Gesetz zu entwerfen, jedoch mit Aus=
dehnung auf die ganze Monarchie, weil überall dieselben Um=
stände, die es hier erforderten, in gleichem Maße obwalteten.

---

1) Wir sehen, beide Berichte laufen in der Hauptsache auf eins hinaus: sie
fordern beide Aufhebung der Erbunterthänigkeit und der Beschränkungen im Besitz
und Genuß des Grundeigentums. Dennoch sind auch Unterschiede vorhanden. Der
Schrötter'sche Bericht beschränkt sich nicht darauf, Erleichterungen in Besitz und
Genuß des Grundeigentums zu fordern, er verlangt Ausdehnung des Grundsatzes
der Freiheit auf alle Stände und alle Gewerbe, also Beseitigung der gesetzlichen Stan=
destrennung im ganzen bürgerlichen Leben. Davon steht nichts im Bericht der Im=
mediatkommission. Sie verlangt bloß, daß nicht ein Mit=Unterthan den andern von
irgend einer Erwerbsart abhalte, daß auch der Staat kein Interesse an irgend einer
Beschränkung des Verkehrs habe, davon ist nicht die Rede. Die Immediatkommission
will lediglich die Verhältnisse der Landbewohner regeln. — Unwesentlicheres übergehen
wir. Nur einen wichtigen Bestandteil des Edikts, der im Schrötter'schen Berichte fehlt,
aber in dem der Immediatkommission dafür enthalten ist, müssen wir hier anführen:
das sind die „vorsichtigen Bestimmungen behufs Abänderung der
Regel, daß notwendig so viel Bauernstellen auf einem Gute bleiben
müßten, als einmal da waren". Darauf werden wir zurückkommen. —
2) Sie ist zuerst abgedruckt gewesen bei Bassewitz, Die Kurmark Brandenburg von
1806—1808, Bd. 1, S. 634; dann in dem Buche „Zu Schutz und Trutz", S. 214.

Er schließt sich noch der Auffassung der Immediatkommission darin an, daß er die bewilligten Unterstützungsgelder als ein Almosen, und nicht als Landesunterstützung betrachtet wissen will. — Die Schrötter aber sind mit der Meinung des Königs noch nicht einverstanden [1]). Sie berichten wiederum an den König unter'm 28. August; auch dieses Aktenstück ist nicht mehr vorhanden, kann aber ebenso, wie der erste Schrötter'sche Bericht, aus der Antwort des Königs rekonstruiert werden.

Es schien ihnen die Ausdehnung auf die ganze Monarchie vorder= hand noch zu gefährlich; sie erbitten die Beschränkung des Edikts auf Ost= und Westpreußen und wollen mit der Ausdehnung auf die anderen Provinzen bis zur Räumung derselben durch die fremden Truppen ge= wartet sehen. Im Uebrigen scheinen sie, gestützt auf die Zustimmung des Königs, zu ihren ersten Anträgen nun das ganze Füllhorn der Reformen auf einmal über den erschrockenen König ausgeschüttet zu haben. Dieser sieht sich nämlich genötigt in seiner Antwort vom 2. September ihrem Reformeifer Einhalt zu thun, mit der weisen Mahnung: „es sei nicht geraten, zuviel auf einmal aufzuräumen; man gehe sicherer, wenn man vorderhand bei dem stehen bleibe, was zur Aufhilfe des Landes aus dem Zustand, worin es der Krieg gestürzt habe, dringend und unumgänglich erforderlich sei. Sei dies erst geschehen und hätten die daraus hervor= gehenden Einrichtungen erst recht Wurzel gefaßt, so würden die ferneren Schritte zu dem Ziele, das man immer unverrückt im Auge be= halten müsse, dadurch sehr erleichtert werden".

Namentlich im Punkte der Gewerbefreiheit scheinen die Schrötter sehr weitgehende Forderungen gemacht zu haben, so daß der König sich genötigt sah, mit Erwähnung des Umstands, daß die einer — nicht auf= zuhebenden — Taxe unterworfenen Gewerbe ohne Zunftzwang gar nicht existieren könnten, zu betonen, „daß die Aufhebung der Zünfte eine sehr wichtige Sache sei, die darum eine viel sorgfältigere Prüfung erfordere und ganz besonders zum Gegenstand der Gesetzgebung gemacht zu werden verdiene".

In der Antwort [2]) vom 2. September, aus der wir diese Stellen entnommen haben, geht der König übrigens von seiner Meinung betreffs

---

1) Hätten die Schrötter das Edikt jetzt in der vom König gewünschten Form entworfen — also mit Ausdehnung auf die ganze Monarchie, und mit Berücksichtigung der Vorschläge der Immediatkommission im Punkte der Mobilisierung — so wäre dasselbe in der Fassung zu Stande gebracht gewesen, in der es nachher, wenige un= wesentliche Punkte ausgenommen, endgültig formuliert worden ist. Das Edikt sollte aber erst auf Umwegen zu Stande kommen. — 2) „Zu Schutz und Trutz", S. 219.

Ausdehnung auf die ganze Monarchie ab — ein Vorschlag zur Vorsicht fand bei ihm immer Gehör — verlangt jedoch, **daß bei Erlaß des Edikts sogleich bekannt gemacht werde, daß die Ausdeh= nung auf die anderen Provinzen so bald als möglich folgen solle.**

Es folgt dann die oben citirte Stelle, in der er Bedachtsamkeit em= pfiehlt und die Reform zunächst beschränkt wissen will auf die „Beseitigung der Hindernisse des Güterverkehrs und der damit unzertrennlichen Folgen in Beziehung auf Erbunterthänigkeit, Besetzung und Benutzung der Bauern= höfe". Er behält sich nähere Prüfung vor; es scheint ihm bange gewor= den zu sein vor der Genialität der ostpreußischen Nationalökonomen.

Die Emanzipation des Adels will er vorderhand nur dahin ver= standen haben, daß ihm der Besitz und die Pachtung von Grundstücken aller Art verstattet sein solle; die Zulassung zu bürgerlichen Gewerben wünscht er jedoch nur soweit ausgesprochen zu sehen, als der Adel selbst es seinem Stande angemessen erachte. Der betreffende Paragraph sei deshalb in möglichst allgemeinen Ausdrücken, wobei Niemand seine Ehre für gekränkt halten könne, zu fassen.

Zu Punkt 4 des in 8 Punkte gegliederten Schrötter'schen Berichts bemerkt dann der König das, was wir oben schon über den Zunftzwang citirt haben; in den andern Punkten scheint er einverstanden gewesen zu sein. Der Vorlegung des Gesetzentwurfs sehe er nun bald entgegen.

Die Schrötter reichen dann am 9. September einen von Mor= genbesser [1]) konzipierten Gesetzentwurf ein.

Auch dieser Entwurf liegt nicht vor. Es fehlt überhaupt von jetzt ab jedes Aktenmaterial bis zu den Notizen, die Stein zu den ihm vor= liegenden Akten gemacht hat. Nur aus der Erzählung bei Pertz erfahren wir, daß der Entwurf der beiden Schrötter vom 9. September in der Immediatkommission lebhaften Widerspruch gefunden habe, von ihr gänz= lich umgearbeitet und mittelst Bericht dann am 30. September dem König übergeben worden sei.

Wir können nun hier auf das Detail der Pertz'schen Angaben nicht eingehen; erst im folgenden Kapitel werden wir zeigen, daß gerade hier die Angaben im wesentlichen unrichtig sind. Jetzt wollen wir zunächst das wörtlich vorliegende Material weiter mitteilen.

Stein übernimmt am 2. Oktober die Geschäfte [2]) und erhält vom König das ganze Material zur Prüfung zugestellt. Von ihm rühren

---

1) Nach Preuß' Geschichte Friedrichs des Großen. III, 518 ff. — 2) Pertz, Band II, 8.

zwei uns vorliegende Bemerkungen über die Sache her. Die erste vom 8. Oktober lautet:

„Dieses Edikt ertheilt dem Grundeigenthümer die freye Benutzung seines Territorial-Eigenthums, und dem Landbauer die Befugniß seine Kräfte frey zu gebrauchen. Es ist sehr wohlthätig und wird auf die ganze Monarchie sobald als möglich auszudähnen seyn".

„Nur eine gesetzliche Einschränkung der freyen Disposition über das Eigenthum wird bleiben müssen, diejenige nämlich welche dem Eigennutz der Reicheren und Gebildeteren Gränzen setzt, und das Einziehen des Bauerlands zum Vorwerksland verhindert. Dieses wird um so nöthiger seyn, als der im § 1 erlaubte freye Güterverkehr die Veränderungen mit der Herrschaft vervielfältigen, und der steigende Kaufwerth die neuen Besitzer immer mehr reizen wird, ihren Vortheil zu suchen."

„Der Nachtheil der aus der Bewirthschaftung zu kleiner Bauernhöfe entsteht, wird vermieden durch die § 6, A. a. nachgegebene Zusammenziehung der Höfe; die Einschränkung, welche den Bauernstand in Schutz nimmt, bleibt nur wohlthätig, und alle ihre nachtheiligen Folgen sind benommen".

Man befürchtet, daß die Einschränkung, welche die Bauernhöfe in Schutz nimmt, die Wiederherstellung der durch den letzten Krieg zerstörten Bauernhöfe verhindere; um dieses zu vermeiden, würden die von Herrn G.-R. Stägemann unter dem 15. August a c. vorgeschlagenen Bestimmungen in dem § 6 des Gesetzes aufzunehmen, und auf diese Art die Benutzung der durch den letzten Krieg verödeten Höfe zu begünstigen seyn.   Stein,
                                                       8. Oktober."

„Der Vorschlag des Herrn C.-G.-P. Beym sub II würde allmälig auf eine gleichmäßige Besteuerung würken, und wäre in das Gesetz aufzunehmen; die einmal in das Rustical-Cataster übergegangenen Höfe würden darin bleiben, auch bei ihrem Zurückkehren in den Besitz der Dominien."

Die zweite ist ein nach dem Vortrage beim König an die Immediatkommission gesandtes Billet und lautet:

„Des Königs Majestät haben bey dem heutigen Vortrage zu bestimmen geruht, daß das Edikt auf alle Provinzen ausgedähnt werden soll, weil der Grundsatz des freyen Gebrauchs seiner Person und seines Eigenthums auf alle Provinzen gleich anwendbar und für alle gleich wohlthätig sey —

daß zwar die Zusammenziehung der Bauernhöfe mit Vorwerksgrün=
den unter Zustimmung der Kammer zuzulassen, jede Provinzial=Behörde
aber eine Instruction auszuarbeiten und einzureichen habe, welche die
Fälle aufzählt, wo eine solche Vereinigung stattfinden könne.

Stein,

8. Oktober."

Viertes Kapitel.

Der wirkliche Sachverhalt.

Was ergiebt sich aus diesem Material für die wirkliche Entstehungs=
geschichte unseres Edikts?

Ehe wir diese Frage beantworten, müssen wir sehen, welche Dar=
stellung Pertz, dem dasselbe Material und noch andres zur Verfügung
stand, gegeben hat. — Von Pertz'schen Angaben darf man nur aus ganz
zwingenden Gründen abweichen, denn so wenig er sich auch selbst die
Mühe gemacht hat, das ihm vorliegende Material genau zu prüfen, so
maßgebend sind doch häufig die Mittheilungen, aus denen zu schöpfen er
in der Lage war. So auch hier. Nur im Detail werden wir ihn be=
richtigen müssen.

Pertz [1] schreibt: „Das Unglück eines beispiellos verderblichen Kriegs
hatte den preußischen Staat tief gebeugt, aber nicht gebrochen. Kaum war
durch den Abschluß des Tilsiter Friedens ein Ruhepunkt gegeben, als die
Sorge und Arbeit für die Aufrichtung wieder begann. Am 16. Julius
trug der Geheimrath Wilcken bei der Immediatkommission auf Abschaf=
fung der Erbunterthänigkeit an; der Augenblick sei geeignet um den innig=
sten Wunsch der Vaterlandsfreunde zu erfüllen, durch gänzliche Aufhebung
des widernatürlichen Verhältnisses die inneren Kräfte zu stärken und da=
durch einen Ersatz für den Verlust nach außen zu gewinnen". Wir er=
sehen hieraus, daß der Gedanke, die Zerrüttung aller Verhältnisse zur
Durchführung sonst schwer zu ermöglichender Veränderungen zu benutzen,
nicht bloß bei den Männern der Immediatkommission, oder gar, wie

---

1) II, 12 ff.

Schön meint, nur bei ihm selbst entstanden ist. Der Antrag Schrötter, an den sich der Immediatbericht anschließt, ist vom 20. Juli, während Wilcken seinen Antrag ohne äußere Veranlassung, schon am 16. Juli eingereicht hatte. Hätte Wilcken also nach dem Ruhme verlangt, der erste Anreger des Reformgedankens genannt zu werden, so hätte er, nach diesem Zeugnis wenigstens, gegründeteren Anspruch darauf machen können als Schön, der den Antrag Wilcken später nicht einmal nennt. Aber wir werden gleich sehen, daß es auch des Antrags Wilcken nicht bedurfte, um die ganze, fundamentale Reform in Anregung zu bringen und zwar soll uns das Pertz selber sagen. Nach ihm sollen bei Besprechung des Schrötter'schen Kuh-Antrags — der, wie Schön erzählt, die äußere Veranlassung zur Diskussion von Reformideen gewesen sein soll — lebhafte Differenzen zwischen den Mitgliedern der Immediatkommission, namentlich Schön und Niebuhr, zu Tage getreten sein. Es heißt bei Pertz [1]): „Der Theorie gegenüber, welche auf jedem gegebenen Raume die möglichst große Masse von äußeren Gütern schaffen, und zu diesem Zwecke die bestehenden Verhältnisse bilden zu sollen meinte, war die wirkliche Aufgabe der Staatskunst, vielmehr die Förderung des wahren Wohls des bestimmt vorhandenen Volks, und es mußte auf Erhaltung, Veredelung und Ausbildung grade dieses Volks und seiner edlen Eigenthümlichkeit, unter den gegebenen Verhältnissen hingewirkt werden. Beide Richtungen fanden sich in der Immediatkommission nebeneinander und teilten die Mitglieder. Deshalb hatte Niebuhr sich schon im Julius gegen die Teilnahme an der Kommission aufgelehnt; denn abgesehen davon, daß er in der Verwaltung für strenge Einheit und gegen alle Kommissionen sei, halte er es für unmöglich lange in ihr zu sein, „ohne sich mit Freunden zu entzweien, wenn ihre Grundsätze oft gar zu ungeheuer und ihre Konsequenz noch fürchterlicher ist, und ohne den Feinden zahllose Blößen zu geben; denn es sei auf Veränderungen abgesehen, die er sich teils nicht zu übersehen getraue, teils gar nicht beurteilen könne" [2]). Herr v. Schön, welcher die Sache zunächst bearbeitete, verfuhr im Sinne der in sich abgeschlossenen Theorie; die bisherigen gesetzlichen Abgrenzungen der Rechte und Vorteile verschiedener Volksklassen schienen ihm hemmend für die freie Entwickelung der Kräfte, nachteilig für Kredit, Vermögen und Zahlungsfähigkeit; er hielt es für gleichgiltig, ob die jetzigen, schwächeren Besitzer blieben, wenn nur kräftigere an ihre Stelle träten und so die möglichst große Masse des Erwerbs begünstigt werde; der herabgekommene Besitzer möge demjenigen weichen, der mit frischen Geldkräften das Grundkapital

---

1) II, 13 f. — 2) In Pertz, I, 588.

am einträglichsten für das Ganze bewirtschaften könne; und mehrere kleine Besitzungen in mittelmäßige vereinigt werden, deren Bewirtschaftung bei größerem Ertrage weniger koste. Die Gefahr dieser Ansicht wurde von Stägemann aufgefaßt, er und Niebuhr drangen auf die Erhaltung eines gesunden, kräftigen Bauernstandes als Grundlage jedes tüchtigen Volkes; und wenn Schön meinte, ein Besitzer von 4 Hufen Landes mit 6 Pferden leiste mehr, als 4 Besitzer von 1 Hufe, welche 16 Pferde bedürften, so ward dagegen die Wichtigkeit der Erhaltung eines zahlreichen Standes kleiner Grundbesitzer geltend gemacht, und darauf hingewiesen, daß erst in einem sehr vorgeschrittenen Zustand der Völker bei dem Vor= handensein einer bedeutenden Klasse wohlhabender Geldfamilien ein zahl= reicher Pächterstand, wie in England, möglich sei".

Diese Darstellung hat vielfachen Widerspruch erregt. Der ost= preußische Vertheidiger Schön's nennt sie interpoliert, Seeley[1], der neueste Biograph Stein's „Geschichten von Hörensagen", die sich unglücklicherweise in Pertz eingeschlichen haben; und in Wahrheit enthält sie auch ganz auffallende Irrtümer. Da soll Niebuhr bei der Besprechung des Schröt= ter'schen Antrags vom 20. Juli und bei der Vorbereitung des Immediat= berichts, die vom 20. Juli bis 17. August dauerten, eine Rolle gespielt haben, während er während dieser ganzen Zeit überhaupt nicht in Memel anwesend war!![2]. Soll also wirklich ein Schön übelwollender Mensch diesen Bericht in Pertz eingeschmuggelt haben, oder noch schlimmeres, wie der Ostpreuße behauptet[3])? Und diese detaillirte Besprechung von Vorgängen zwischen Schön und Niebuhr, die so gut stimmt zu allem andern, was wir von diesen Männern wissen, sie soll aus der Luft gegriffen sein?

Das wäre doch mindestens ebenso auffällig, als die Widersprüche der Darstellung selbst!

Nun, wir sind glücklicherweise in der Lage das Räthsel zu lösen und die Widersprüche aus der Welt zu schaffen. Wir bitten den Leser bei Pertz, Bd. I, S. 447 nachzuschlagen, da findet er die Mitteilung, daß schon seit Mitte April die Herren Niebuhr, Schön, Altenstein und Stägemann unter Hardenberg an der Lei= tung der Geschäfte Teil genommen haben, und fragen wir nun

---

1) II, 37, Anm. Somewhat legendary, infortunately crept into Pertz. — 2) Niebuhr war im Juni 1807 mit den Regierungskassen nach Riga gereist und dort bis zum Wiedereintritt Stein's geblieben. — 3) Nach ihm soll gar Pertz von den hochadeligen, einflußreichen Feinden Schön's dieser Passus in sein Buch hinein oftroyirt worden sein!

nach ihren Berathungen allgemeinen Inhalts, so geben uns die Briefe
Altenstein's [1]) an Schön Anhaltspunkte.

Ein Blick auf sie zeigt uns, daß das Programm, das in der Rigaer
Denkschrift vom 12. September 1807 entwickelt wird und zu dem
Schön noch nach Riga Material schickt [2]), Gegenstand dieser Beratungen
gewesen ist, und betrachten wir nun die Rigaer Denkschrift genauer, so
finden wir, daß sie schon alle für uns in Betracht kommenden Reformen
vorschlägt, die hernach von Stein und später noch von Hardenberg selbst
durchgeführt worden sind.

Wir sehen also daß die Ideen, die Schön im Juli wie
ein begeisterter Seher zuerst verkündet zu haben vorgiebt,
schon lange vor dem Tilsiter Frieden Gegenstand eifriger
Besprechungen gewesen sind, daß die Differenzen zwischen Schön

---

1) Aus den Papieren, II, 3 ff. — 2) Aus den Papieren, II, 36: „Für Ihre
Data zu solchem dankt er ihnen herzlichst". Ferner aus einem Briefe Altenstein's an
Hardenberg: (Denkwürdigkeiten des Staatskanzlers Fürsten von
Hardenberg von 1806—1813, v. Leop. v. Ranke, IV. Auh., S. 4 ff.). „Alle die
von mir geäußerten Ideen sind meine Ueberzeugung, der größte Teil gehört mir aber nicht
ursprünglich an. Ew. Excellenz werden viele als die Ihrigen erkennen, . . . Außer=
dem auch viele, die mir von meinen Freunden, teils ausdrücklich um
sie zu dem jetzigen Zwecke zu benutzen . . . mitgeteilt wurden. Ohnerachtet
diese mir, wird nur bei Zweck erreicht, gern das Eigentum dieser Ideen überlassen, so bin
ich doch namentlich meinen Freunden v. Schön und Niebuhr schuldig ihres Anteils an dem,
was ich gebe, zu gedenken". Und nun ein Blick auf die Denkschrift selbst (S. 20 ff.).
„Man schrecke ja nicht zurück vor dem was er (nämlich Altenstein in seiner Denk=
schrift: Ueber die Leitung der Staatsregierung nach dem Frieden, Riga, 12. Sept.
1807, worauf Hardenberg sich hier bezieht) als Hauptgrundsatz fordert: möglichste
Freiheit und Gleichheit . . . Jegliche Stelle im Staat ohne Aus=
nahme sei nicht dieser oder jener Kaste, sondern dem Verdienst
und der Geschicklichkeit und Fähigkeit aus allen Ständen offen . . .
Keine Kraft werde im Emporstreben zum Guten gehemmt . . . Das
alleinige Vorrecht des Adels zu dem Besitz der sogenannten Rit=
tergüter ist, wie der Herr v. Altenstein ausgeführt hat, so schädlich
und so wenig mehr für unsre Zeiten und Verfassungen passend,
daß die Aufhebung desselben durchaus notwendig ist, sowie die
aller übrigen Vorzüge, welche die Gesetze bisher blos dem Edel=
mann als Gutsbesitzer beilegten . . . Die Aufhebung der Erb=
unterthänigkeit müßte durch ein Gesetz kurz und gut und sogleich
verfügt werden". (S. 25.) Die Uebereinstimmung mit dem Edikte springt in die
Augen. Ranke in seinem Kapitel „Ideen der Reorganisation" S. 114 ff. führt fort=
während Stellen aus dem Schön'schen Immediatbericht neben solchen aus den Alten=
stein'schen und Hardenberg'schen Denkschriften an als gemeinsames Gut, Re=
sultat gemeinsamer Besprechungen.

und Niebuhr, die Pertz in die Zeit der Beratung des Immediatberichts (20. Juli bis 17. August) ansetzt, einfach um zwei bis drei Monate, in die Zeit jener Besprechungen in Anwesenheit Niebuhr's, zurückdatirt werden müssen, und daß damit alle Widersprüche beseitigt und die Glaubwürdigkeit der sonst so wahrscheinlichen Erzählung gerettet ist. In welchem Grade eifrig Schön sich an diesen Beratungen beteiligt hat, läßt sich nicht mehr feststellen; die Differenzen mit Niebuhr deuten darauf hin, daß er in ganz leidenschaftlicher Weise seine, übrigens in etwas besonnenerem Tempo auch von den andern Herrn geteilten Anschauungen vertreten hat. Dies alles ihm zugestanden, wo aber bleibt dann sein Recht, zu behaupten, daß er, veranlaßt durch den untergeordneten Antrag des Ministers v. Schrötter, wie mit einem Evangelium unter die Genossen getreten sei, Anschauungen zu verkündigen, die wie wir jetzt wissen, jenen längst ebenso vertraut waren, wie ihm selber?

Halten wir also fest: über den Grundgedanken der Reform war man längst einig; der Schrötter'sche Bericht vom 17. August, der Immediatbericht, die Vorschläge des Oberlandesgerichtspräsidenten Morgenbesser zu Königsberg[1]), die Rigaer Denkschrift von Hardenberg, ebenso die Nassauer des Freiherrn v. Stein, sie alle laufen auf dasselbe hinaus: Innere Reform durch Beseitigung der verkehrshemmenden Staatseinrichtungen. Die Materie war Mitte 1807 Gegenstand eifriger Besprechungen, — das wird gerade durch den Irrtum Pertzens in Bezug auf Niebuhr bewiesen — bei Gelegenheit der Besprechung des Schrötter'schen Antrags in der Immediatkommission wird Schön beauftragt, dem König jetzt das ganze Programm zur Durchführung vorzuschlagen, daraus entspringt der Immediatbericht vom 17. August.

Die weitere Darstellung bei Pertz ist wieder korrekt; sie schließt sich eng an die Akten an. Irrtümer schleichen sich erst wieder ein auf S. 18, wo es heißt: „Der (von den Schrötter's am 9. September) vorgelegte Entwurf fand in der Immediatkommission lebhaften Widerspruch; die Fassung schien der Größe der Lage wenig würdig; man tadelte die Beschränkung auf eine Provinz, die oberflächliche Erwähnung von Gegenständen, welche, wie die Gewerbefreiheit, eine besondere Verfügung erforderten, die Aufstellung des Grundsatzes der Vererbpachtung, welcher für die Gegenwart sowie für den größten Teil der Einwohner ohne Wirkung sei; besonders aber wurde die Gefahr der Vorschläge über Einziehung von Bauernländereien von Schön, Niebuhr, Stägemann, mit Nachdruck

---

1) S. oben S. 14.

hervorgehoben, eine völlige Umarbeitung des Gesetzes vorgenommen und mittelst Bericht dem König vorgelegt".

Abgesehen davon, daß Pertz hier wiederum den abwesenden Niebuhr auftreten läßt und Schön zur Abwechselung einmal zum vorsichtigen Bauernfreund macht, muß diese Darstellung noch anderweitig befremden. Jedermann erwartet natürlich, daß die Immediatkommission, wenn sie eine vollständige Umarbeitung des Gesetzes vornimmt, die Fehler vermei= det, die sie selbst gerügt, ja zwecks deren Ausmerzung sie die Umarbeitung nur vorgenommen hat.

Man findet sich aber getäuscht in dieser Erwartung, wenn man nun den dem König vorgelegten Entwurf in Betreff der Ausmerzung der oben gerügten Fehler in's Auge faßt.

Man hatte die Beschränkung auf eine Provinz getadelt — im Ent= wurf kehrt sie wieder und wird erst durch Stein beseitigt; man hatte die oberflächliche Erwähnung der freien Erwerbswahl getadelt; diese findet sich sogar noch im Edikt; — wo bleibt denn da die vollständige Umarbei= tung? Sie beschränkt sich eben auf eine einfache Streichung der Vor= schläge über Vererbpachtung der Domänen und der Vorschläge über Ein= ziehung von Bauernländereien.

Im Uebrigen wird das Edikt unverändert gelassen. Es ist das auch leicht erklärlich. Man hatte in der Immediatkommission Kenntniß von der Kabinetsorbre des Königs vom 2. September[1]), worin dieser die Beschränkung auf die Provinz Preußen billigt; man konnte also nicht ohne Weiteres in einem neuen Gesetzentwurf davon abgehen. Die Auf= nahme des Paragraphen über freie Erwerbswahl hatte ebenfalls die Zu= stimmung des Königs, wenn auch in behutsamer Weise erhalten; es konnte also auch hier die Immediatkommission nicht den betreffenden Paragraphen einfach streichen, umsomehr als in seiner Aufnahme oder Nichtaufnahme eine Entscheidung über den ganzen Charakter des Edikts enthalten war. Blieb dieser Paragraph weg, so war das Edikt nichts weiter, als ein Agrargesetz, das die persönlichen Verhältnisse der Landbewohner und die Lage des Grundbesitzes behandelte; wurde er aufgenommen, so war das Edikt mit einem Male das Fundament einer vollständigen, alle Stände umfassenden, Sozialreform[2]).

---

1) Siehe oben S. 24. — 2) Die Immediatkommission hatte natürlich nichts gegen die Freiheit der Gewerbswahl für Jedermann; sie wollte nur hier nicht davon sprechen, weil sie im Edikt allerdings nur eine Agrarmaßregel geplant hatte. Das Verdienst den fundamentalen Charakter gerade dieses Edikts bestimmt zu haben, kommt somit den Schrötter's zu.

Eine so entscheidende Veränderung des Charakters des Edikts konnte sie aber nicht selbstständig vornehmen, der Paragraph wandert also ebenfalls in die „völlig umgearbeitete" Form des Entwurfs, und nur der beigegebene Bericht wird die Einwendungen enthalten haben, von denen uns Pertz erzählt. — Dieser Bericht wird auch die Motivirung der oben erwähnten Streichungen enthalten haben — Beyme begleitete ihn noch mit einigen Bemerkungen; am 2. Oktober erhält dann Stein das ganze Material von dem König zur Prüfung und Berichterstattung zugestellt.

Dies Material besteht nun aus:

dem Schrötter'schen Bericht . . . . . vom 17. August,
dem Immediatbericht . . . . „ 17. August,
der Kabinetsordre . . . . „ 23. August,
der Antwort Schrötter's . . . . . . „ 28. August,
der zweiten Kabinetsordre . . . . . „ 2. September,
dem Entwurf Schrötter's . . . . . . „ 9. September,
dem „Entwurf" der Immediatkommission „ 30. September,
dem Bericht der Immediatkommission . „ 30. September

und unwesentlichen Anträgen von Stägemann und Beyme[1]).

Das wichtigste an diesem Material, für die Erkenntnis des Stadiums in dem sich unser Edikt befindet, ist der Entwurf und der Bericht der Immediatkommission. — Ersterer ist noch nicht abgeschlossen, die Frage der Einziehung der Bauernländereien ist noch offen gelassen und der König um seine Entscheidung gebeten. — Der Bericht dann enthält die Motivierung der im Entwurf schon vorgenommenen Streichungen, weitere Anträge behufs Abänderung des eingelieferten eigenen Entwurfs (Ausdehnung auf die Monarchie, Streichung des Paragraphen der freien Erwerbswahl) und die Bitte um Entscheidung der offen gelassenen Frage.

Stein prüft das Material und macht sich zunächst die von uns oben[2]) mitgeteilte Notiz dazu. Max Lehmann[3]) nennt diese Notiz ein Votum; Pertz läßt es unbestimmt, welche Bedeutung er ihr beimißt, der Ostpreuße nennt sie eine gelegentlich hingeworfene Memorirnotiz, umsomehr als sie auf den Entwurf selbst, an den Rand geschrieben sei. Wir müssen hier dem Ostpreußen beistimmen, vor allen Dingen deshalb, weil diese Bemerkung überhaupt nicht die abgeschlossene Meinung Stein's enthält. Hier notiert er sich: „Das Edikt ist sehr wohlthätig und wird auf die ganze Monarchie so bald als möglich auszudehnen sein". Am selben Tage noch besinnt er sich eines andern und beantragt

---

1) S. Stein's Notiz vom 8. Oktober. — 2) S. 26. — 3) S. 115.

3

beim König sofortige Ausdehnung auf die ganze Monarchie! Außer= dem ist ihre Formlosigkeit zu beachten.

Wer die ganze Aufzeichnung unbefangen prüft, erhält den Ein= druck, daß sich Stein für seinen Vortrag einiges aufnotiert hat, einiges — einige Punkte betreffend, durchaus nicht alles, was er zu dem Mate= riale zu bemerken hatte — denn Pertz weiß uns auch von Dingen aus seinem Vortrag zu melden, von denen nichts in dieser Notiz steht. Aber schreibt man denn alles auf, was man zu irgend einer Sache sagen will? Nein, diese Randbemerkung ist nichts als der Ausfluß einer momen= tanen Betrachtung und läßt viel weniger über die Gesammtstellung Stein's zu dem Materiale einen erschöpfenden Schluß ziehen, als daß sie uns genau zeigt, in welchem Stadium unser Edikt sich jetzt eigentlich befindet. Nur aus letzterem Gesichtspunkt ist die Notiz wichtig

Pertz schreibt: Stein erklärte sich gegen einige teils von der Kom= mission teils von Beyme herrührenden Vorschläge — und druckt dann die schon citierte Aufzeichnung Stein's ab. Nun enthält aber gerade diese Aufzeichnung nur Uebereinstimmungen mit der Immediatkommission, nir= gends einen Widerspruch gegen sie. Wie erklären wir diesen Irrtum von Pertz? Ich glaube so: Pertz fand im Nachlasse von Stein vielleicht die Aufzeichnung: ich erklärte mich gegen einige teils von der Kommission u. s. w. herrührende Vorschläge, hat dann nicht weiter geprüft und bie ihm wörtlich vorliegenden Bemerkungen vom 8. Oktober als solche Er= klärungen angesehen. Hätte er geprüft, so hätte er gefunden, daß Stein hier fast nur resümirt, was wir schon als Ansicht der Immediatkommission in ihrem Bericht zu dem Entwurf vom 30. September, eben aus Pertz, ermittelt haben. Stein hat sich aber allerdings auch im Einzelnen gegen die Immediatkommission gewandt, wie wir sehen werden, nur in dieser Notiz nicht, die eben ein Votum, nicht aber das Votum Stein's genannt werden kann. **Das Votum Stein's finden wir nur in dem** Edikte selber, denn seine endgültige Fassung rührt eben von Stein her.

Ganz denselben Charakter gelegentlicher Aeußerung trägt der zweite Teil der Notiz: „Nur eine gesetzliche Einschränkung u. s. w." Er stellt sich hier ganz auf den Standpunkt der Immediatkommission, welche schon im Immediatbericht vom 17. August, dann, wie uns Pertz mitteilt, in ihren Ausstellungen zu dem Schrötter'schen Entwurf vom 9. September, die Meinung ausspricht, daß es zur Wiederherstellung des Landes genüge, durch die beschränkte Erlaubnis der Zusammenziehung mehrerer Höfe in einen, die Bewirtschaftung allzu kleiner und darum unrentabler Bauern=

güter zu beseitigen, daß aber unter keinen Umständen die Einziehung von Bauernland zu Vorwerksland gestattet sein solle, weil darin eine töd=liche Gefahr für den kleinen Bauern liege.

Auch hier jedoch geht Stein später von der ersten Meinungsäuße=rung ab, indem er im Edikt selbst die Einziehung von Bauernland zu Vorwerksland behufs Abrundung der Ländereien, wenn auch mit den allervorsichtigsten Zusätzen, gestattet.

Aber wir haben gesagt, Stein habe mehr als in seiner Aufzeichnung steht, zu dem Materiale zu bemerken gehabt, er habe sich auch einmal gegen die Kommission wenden müssen.

Nun, das war in dem wichtigsten Punkte, im Paragraphen betref=fend die freie Erwerbswahl. Wir haben gesehen, die Kommission wollte von diesem Paragraphen nichts wissen, nichts weiter als ein Agraredikt erlassen, — betrachten wir das Edikt: der Paragraph 2 gleich spricht die Freiheit der Erwerbswahl in lapidarer Kürze aus! Wir sehen, hier ist Stein den Schrötters beigetreten und hat damit dem Edikt seinen Charak=ter als Fundament der Sozialreform gewahrt.

Das Uebrige, sich auf Vorschläge von Beyme und Stägemann be=ziehende, ist unwesentlich. Auch der offen gelassene Punkt, betreffs Ein=ziehung von Bauernländereien, wird noch am selben Tage vom König er=ledigt: unter Zustimmung der Kammern darf eine Zusammenziehung von Bauernhöfen mit Vorwerksland stattfinden, die Kammern aber haben eine genaue Instruktion[1]) darüber auszuarbeiten.

Das Gesetz wurde dann am 9. Oktober unterzeichnet vom König, dem Premierminister und seinen beiden ersten Konzipienten, den Schrötters.

Das Edikt hat somit folgende Geschichte: Lange Beratungen unter Hardenberg hatten ein ganz bestimmtes Programm vorzunehmender Refor=men zu Tage gefördert. Der ostpreußische Minister Schrötter stellt einen untergeordneten Antrag der Provinz Preußen aufzuhelfen, der König überweist seinen Antrag der Immediatkommission zur Begutachtung; diese hält den Zeitpunkt für geeignet, dem ohnehin von denselben Ideen beseel=ten König die schon besprochenen Reformen, als bestes Mittel die Landes=not abzustellen, zu empfehlen; Schön wird mit der Ausarbeitung eines solchen Berichts beauftragt; er liefert ihn ein am 17. August; am selben

---

1) Die Instruktion wird von Schrötter im Dezember entworfen, von Schön verbessert. Sie erlaubt dem Gutsherrn von dem Bauernland nur gewisse Teile, das sog. „neue" — einzuziehen, und dies nur, wenn zugleich ebensoviel als neues Bauern=land wieder ausgethan werde. Der Gutsherr kann somit sein Gut abrunden, nicht aber das Bauernland vermindern. Pertz, Stein, II, S. 21.

Tage reicht auch Schrötter einen im wesentlichen auf das Gleiche hinaus=
laufenden weiteren Antrag ein; der König vergleicht beide, empfiehlt ge=
wisse Aenderungen, teils selbstständig, teils gestützt auf den Schön'schen
Bericht, beauftragt die Schrötter's ein solches Gesetz auszuarbeiten; die
Schrötter's haben gewisse Bedenken, der König geht auf sie ein; am
9. September wird der Schrötter'sche Gesetzentwurf eingereicht; die Im=
mediatkommission nimmt gewisse Veränderungen vor und beantragt weitere
am 30. September. Stein kömmt am 2. Oktober, prüft das ganze
Material, sucht sich das zweckmäßigste heraus, giebt dem Edikte die end=
giltige Gestalt, der König vollzieht es.

✷

Fünftes Kapitel.

Der Anteil Schön's.

✷

Worin besteht nun das Verdienst Schön's um das Zustandekommen
des Edikts?

Darin, daß er veranlaßt durch ähnliche Vorschläge Anderer, bei der
Frage des Retablissements von Ostpreußen, im Einklang mit seinen Kol=
legen in der Kommission, eine Zusammenfassung und Formulierung der
längst besprochenen Reformen für den König entworfen hat. Dieser Bericht
ist ein Meisterstück überzeugender Beredsamkeit, Schön hat ihn unter tiefen
Schmerzen abgefaßt und ist dann an die Bahre seiner Frau geeilt; seine
Freude an dem Inslebentreten der Reform wird stark gedämpft durch
sein persönliches Leid; — kein anständiger Mensch wird ihm darum sein
Mitgefühl versagen.

Es wird aber auch Niemanden einfallen, seinen Anteil deshalb zu
überschätzen und den Andrer geringer zu achten.

An dem Inhalt seines Berichts hat er nicht mehr Anteil, als
jedes andre Mitglied der Kommission. Andere, namentlich Stägemann
haben ganz wesentlich darauf eingewirkt, letzterer, indem er Schön, den
rigorosen Doktrinär der absoluten Verkehrsfreiheit, zu einem Kompromiß
mit einer vorsichtigen, mit dem vorhandenen Material rechnenden, Real=
politik bewegte.

Nun aber ist dieser Bericht nicht einmal die Grundlage des Edikts geworden, sondern nur ein — allerdings höchst schätzbarer — Beitrag zu dem Material desselben; also hätte doch Schön allen Grund gehabt mit seinem Verdienst um dieses Edikt nicht allzugroß zu thun. Der König selbst, Stägemann, Schrötter, Stein, haben mindestens denselben Anteil an der Ausarbeitung des Edikts gehabt.

Und nun kommen wir zu dem gewichtigsten Einwand gegen die Schön'schen Ansprüche, indem wir fragen: Seit wann beurteilt man denn das Verdienst um das Zustandekommen eines Gesetzes nach dem Anteil an der Ausarbeitung desselben? Das wäre gewiß ein neuer Brauch, höchst wahrscheinlich vorteilhafter für die Hilfsarbeiter in den Ministerien, als für die Minister selbst.

Nein, kein Gedanke, der in dem Edikte zum Ausdruck kömmt, war neu; sie stammen alle aus der Königsberger Schule, sind geteilt von den fähigeren Köpfen im preußischen Staatsdienst, keiner bedurfte mehr einer besondern Propaganda, — ihre Zusammenfassung kann also nicht das Wesentliche sein bei der Schaffung dieses Reformedikts. Nein, der Mut ihrer Anwendung, die Uebernahme der Verantwortlichkeit gegenüber den Privatinteressen, die bei der Anwendung dieser Ideen verletzt werden mußten, das macht in Wahrheit den Reformgesetzgeber eines Staats; daß dieser Mauerbrecher aber kein andrer war als Stein, das weiß jeder, der nur ganz oberflächlich die Geschichte jener Tage kennt.

Seeley[1]) sagt: „Wenn Hardenberg, Altenstein und die Kommission mit Reformvorschlägen hervortraten, dann thaten sie es in dem Bewußtsein, daß Stein zur Hand sein werde, sie auszuführen. Hätten sie wohl dieselben Vorschläge gemacht, wenn Voß oder Schulenburg oder Struensee an der Spitze der Geschäfte gestanden hätten?

Hardenbergs Vorschläge gründeten sich eingestandenermaßen auf die Voraussetzung, daß Stein Minister werde; sind wir ganz sicher, daß er selbst den Mut gehabt hätte, das zu versuchen, was einem Stein, wie er überzeugt war, keine Furcht einflößen konnte?

Noch stärkere Zweifel können wir hegen, ob der König das Gewicht einer solchen Verantwortlichkeit übernommen haben würde, ohne jeden Rückhalt oder bloß gestützt durch einen gewöhnlichen Minister.

Mit einem Wort: es muß der reformirende Gesetzgeber getrennt werden von dem Juristen und dem parlamentarischen Conzipienten.

Nicht Findigkeit, nicht Originalität, nicht technisches Geschick ist was wir fordern von dem Staatslenker in bewegter Zeit, nein, der Mut ist's,

1) II, 39.

der gewaltige Mut, der keine Verantwortung scheut, und sie drum auch den Genossen leicht macht; sei uns ein Bild erlaubt — es sind die atlantischen Schultern."

Gneist spricht sich ebenso aus, er sagt[1]): „Stein's größtes Verdienst in diesem Punkt war das Eintreten mit dem entscheidenden Gewicht seiner Persönlichkeit und sittlich reinen uneigennützigen durch die reichste Erfahrung befestigten Ueberzeugung gegen den fortdauernden Widerstand des provinzialen Adels und der Mehrzahl der Hofumgebungen. Friedrich Wilhelm III. teilte jene Meinungen schon vor 1806. Aber die unvergleichliche Festigkeit, mit welcher der König später ein volles Menschenalter hindurch allen Gegenversuchen in dieser Richtung widerstanden hat, beruht unverkennbar auf dem festen Vertrauen in die Wahrheit und Gerechtigkeit dieser Grundsätze, die nur ein Stein, nicht ein Hardenberg zu begründen vermochte."

Was bedeuten gegen diesen Einfluß, den Stein auf die g a n z e Reformarbeit ausgeübt hat, die Verdienste die sich Schön um die Formulierung des einen oder des anders Gesetzesartikels zuschreiben kann? Ehre auch ihnen, Ehre auch seinem unbestrittenen Eifer um die gute Sache, aber nichts soll uns veranlassen, wider die Wahrheit seiner späteren krankhaften Selbstverherrlichung beizustimmen.

Sechstes Kapitel.

Stein und die Reformideen.

Der Anspruch Schön's, der Vertreter neuer ungeahnter Gedanken und ihr siegreicher Verfechter gewesen zu sein, ist zurückgewiesen. Wir haben gesehen, das Edikt, die erste Anwendung dieser Gedanken ist nicht das Werk Schön's, sondern das einer Reihe gleichgesinnter auf Stein, ihren Führer, harrender Männer gewesen.

Wir kommen zur zweiten Seite unserer Kritik, zum Punkte der Herabsetzung Stein's.

Schön behauptet das Edikt sei der inneren Richtung Stein's fremd gewesen; er habe sich nur aus Rücksicht auf den Nachruhm zur Unterzeichnung

---

1) S. 262.

des Gesetzes bewegen lassen. Wir behaupten dagegen im Einklang mit der gesammten Geschichtsforschung unserer Tage: die Reformgedanken waren so gut Eigentum Stein's, als aller andern Politiker jener Zeit, ihre gesetzliche Anwendung verdanken sie aber lediglich dem Umstande, daß Stein die Leitung des gesammten Reformwerks und vor allem die Verantwortung dafür übernommen hat.

Der Beweis dafür, daß es Stein's Programm, nicht ein ihm vorübergehend durch „gute Gesellschaft" aufgedrungenes war, was zur Ausführung gelangte, ist leicht zu erbringen.

Welches war denn die „innere Richtung" des Gesetzes, der Stein feind gewesen sein soll?

Der Grundsatz der Beseitigung aller Standesschranken in Besitz und Erwerb.

Stein soll diesem Grundsatz als „Aristokrat" widerstrebt haben.

Ehe wir an die Widerlegung dieser Behauptung gehen, wollen wir erst einen untergeordneten Punkt abthun.

Es war namentlich eine der Anwendungen dieses Prinzips, deren Verdienst Schön ganz für sich in Anspruch nehmen, Stein ganz absprechen wollte: die Aufhebung der Erbunterthänigkeit.

Wir wollen zunächst die Gesinnung Stein's in diesem Punkte feststellen.

Da akademische Erörterungen Stein's Sache nicht waren, muß seine Stellung zu jeder Frage aus gelegentlichen Aeußerungen und seinen Maßregeln heraus erkannt werden. Material liegt genug vor.

Das erste Zeugnis für die Gesinnung Stein's im Punkte der Aufhebung der Erbunterthänigkeit fällt in das Jahr 1801, also sechs Jahre vor das Edikt; es ist eine Stelle des Verwaltungsberichts von Minden.

Es heißt da[1]): „Soll die Landwirtschaft in einem blühenden Zustande seyn, so muß dem Landmann der Besitz von Kenntnissen seines Geschäfts, von Kapital zur Anlage und zum Betrieb und von Freiheit in Benutzung seiner Kräfte und seines Grundeigentums verschafft und gesichert seyn; wenn er aber alles dieses nur in einem sehr unvollkommenen oder eingeschränkten Grad genießt, so kann nichts anderes als eine kraftlose und kümmerliche Bewirtschaftung erwartet werden. Hat der Landmann keine Empfänglichkeit für Verbesserung, geschieht nichts zur Vermehrung und Ausbildung seiner Kenntnisse, wird ihm periodisch bei jedem Todesfall des Hausvaters oder der Hausmutter der größte Teil

---

1) Pertz, I, 196 ff.

seines Kapitals genommen, ist sein Land mit Hube und Zehntgerechtig=
keiten belastet, wird seine Zeit auf unentgeltliche einem Dritten geleistete
Dienste verwendet, so muß seine Lage ärmlich, der Ertrag des Bodens
gering und der Viehstand schwach und uneinträglich seyn".

Ein eigenes Kapitel des Berichts behandelt die Aufhebung der
Eigenbehörigkeit.

Er sagt hierüber[1]): „Das Wesentliche der Verbesserung des bür=
gerlichen Zustands der Bauern besteht in ungeteilter Ueberweisung seines
Landes, in Aufhebung der Dienste und solcher Abgaben, wodurch sein
Gewerbfleiß unterdrückt, nicht benutzt wird. — — Der nachteilige Ein=
fluß der Eigenbehörigkeit auf den Wohlstand der Bauern äußert sich durch
die von der Willkür eines Dritten abhängig gemachte Befugniß das
Grundeigentum zu veräußern, durch die periodische Entziehung der Hälfte
seines ganzen Mobiliars oder seines Betriebskapitals und des Produkts
seiner Industrie, durch die gesetzlich notwendig gemachte Einwilligung des
Gutsherrn zu allen auf das persönliche Glück des Unterthanen Einfluß
habenden Veränderungen, auf den Antritt der Stätte, Auswahl seiner
Gattin, Bestimmung des Schicksals seiner Kinder.

Nach der absoluten Leibeigenschaft ist die Eigenbehörigkeit das
drückendste Verhältniß des Bauern zum Gutsherrn und das nachteiligste
für menschliches Glück, Sittlichkeit, Wohlstand und Gewerbfleiß."

Bei den königlichen Domänen habe die Aufhebung des Eigenbehörig=
keit, die Erteilung eines vollen Eigentums keine Schwierigkeit; es könne
geschehen durch eine freiwillige Verabredung zwischen dem Oberhaupte des
Staats in seiner Qualität als Gutsherr und den Eigenbehörigen. Für
die Emanzipation der gutsherrlichen Bauern bedürfe es jedoch eines be=
sonderen Gesetzes.

Es ist hierbei immer zugleich Ueberweisung freien Eigen=
tums in's Auge gefaßt. Stein will überall erst diese Sicherung des
Bauernstandes erreicht sehen, ehe er die volle Entfesselung des Verkehrs
gutheißt. Eine Entschädigung an König und Gutsherr für die Abtretung
des Eigentums ist ganz selbstverständlich notwendig. Die Aufhebung der
persönlichen Unterthänigkeit geschieht jedoch durch ein Gesetz und unent=
geltlich.

In der Nassauer Denkschrift vom Juni 1807 äußert er sich ebenso:
„Dem Bauernstand muß das Gesetz persönliche Freiheit erteilen und be=
stimmen, daß ihm der unterhabende Hof nebst Inventarium

---

1) Pertz, I, 202.

gehöre gegen Erlegung der bisherigen gutsherrlichen Abgaben, bei deren Nichtbezahlung er aber abgeäußert und des Hofes entsetzt wird". Diese auf den Gütern ruhenden dinglichen Verpflich=tungen dürften aber nicht erhöht werden, ihr Betrag müsse durch Urbarien festgesetzt und der Loskauf gesetzlich gemacht werden.

Er geht also immer schon einen Schritt über das Edikt selbst hinaus und will auf friedlichem Wege mit Achtung vor der Heiligkeit des Privat=eigentums das erreichen, was Hardenberg nachher gewaltsam, aber durch den Erfolg gerechtfertigt, durchgesetzt hat.

Uns liegt noch eine weitere Aeußerung Stein's über die Erbunter=thänigkeit vor, die man gar nicht bei ihm erwarten sollte. Er sagt, der Gesetzgeber sei zur unentgeltlichen Aufhebung der Leibeigen=schaft berechtigt, denn „diese stehe im Widerspruch mit den ursprünglichen und unveräußerlichen Rechten der Menschheit[1]".

Nun, heute hört jeder Student der Jurisprudenz in seinem ersten Semester, daß es wohl nach unserem Staatsrecht unveräußerliche Güter giebt, nicht aber unveräußerliche Menschenrechte, ehe der Staat sie sanktioniert. Die persönliche Freiheit ist ein solches Gut, das jetzt unveräußerlich geworden ist, nachdem der Staat es dafür erklärt hat.

Aber selbst dieser — in damaliger Zeit allgemeine — Irrtum Stein's ist charakteristisch für seine Gesinnung.

Es dürfte somit bewiesen sein, daß die Aufhebung der Erbunter=thänigkeit ein lange gehegter Wunsch Stein's, ein Teil seines Programms war. —

Kehren wir zur Hauptsache zurück: Stein soll dem Grundprinzip des Gesetzes, der Beseitigung der Standesprivilegien und Standesgebun=denheit in Beziehung auf Besitz und Erwerb als „Aristokrat" feind ge=wesen sein.

In der Nassauer Denkschrift, Juni 1807, steht ein Satz, der lautet: „Soll eine Nation veredelt werden, so muß man dem unterdrückten Teile derselben Freiheit, Selbstständigkeit und Eigentum geben und ihm den Schutz der Gesetze angedeihen lassen".

Dieser Satz war geschrieben, ehe Stein in die „gute Königsberger Gesellschaft" kam? Hier ist Nichts zu erkennen von der aristokratischen Befangenheit, die wir bei einem Menschen, der „in den Vorurteilen eines Reichsfreiherrn aufgewachsen", „durch historische Notizen gebildet", „jeder

---

1) Pertz, II, 456.

philosophischen und systematischen Bildung nicht bloß bar, sondern feind"
war, erwarten sollten.

Jedermann muß Gneift beistimmen, der sagt[1]), daß „in diesem
schlichten Satze das Programm der weltgeschichtlich gewordenen Sozial=
gesetzgebung, sowohl der Aufhebung der Erbunterthänigkeit, der Freiheit
des bäuerlichen Eigentums, wie der Gewerbe= und Handelsfrei=
heit, die Reform der Steuergesetze, ja mittelbar auch das Programm
der neueren Volksschule in ihrem Zusammenhang mit den höheren
Stufen der nationalen Bildung" liege.

Und dennoch soll Stein der „inneren Richtung" dieses Gesetzes
feind gewesen sein, dieses Gesetzes, das die erste Verwirklichung seines
Programms enthielt?

Statt jeden Raisonnements verweisen wir auf die Notiz zum Edikt:
„Dieses Edikt soll auf alle Provinzen der Monarchie ausgedehnt werden,
weil der Grundsatz des freien Gebrauchs seiner Person
und seines Eigentums auf alle Provinzen gleich anwendbar sey".

Kann man den Grundgedanken eines Gesetzes, dessen innere Richtung einem vollkommen fremd ist, so in zwei treffende Worte fassen, wie
es hier geschieht durch Pointierung der Worte: „Freiheit der Person und
des Eigentums"? Ist man den Gesetzen feind, denen man die möglichste
Verallgemeinerung sichern will?

Die schnöde Insinuation, daß Stein nur aus Ehrgeiz, aus Rück=
sicht auf den Nachruhm sich zu diesem „gescheiten" Gedanken bekannt
habe, würdigen wir keines Wortes. Der Stein der Geschichte ist bekannt
als frei von jeder Rücksicht auf seine Persönlichkeit.

Der schon citirte Satz der Nassauer Denkschrift erweist uns ohne=
hin, zum Ueberfluß, daß es Stein's Programm war, welches hier durch=
geführt wurde.

Wir haben aber noch eine weitere Anerkennung des Reformgedankens
aus Stein's Feder, eine Aeußerung von der kein Mensch behaupten kann,
daß sie nicht spontan, nicht die innerste Meinung ihres Autors sei; es ist
eine Stelle aus der von Stein entworfenen Proklamation an sämtliche
Bewohner des preußischen Staats (Königsberg, den 21. Oktober 1807),
welcher der König zweimal die Unterzeichnung verweigert hat.

Da heißt es[2)]:

„Lästige Schranken d. es freien Gewerbes und Güterverkehrs sind
schon zerbrochen (Edikt vom 9. Oktober 1807) und die bisher darin

---

1) S. 262. — 2) Pertz, I', 266.

geschiedenen Stände zu gleichen Rechten gestellt. — Und jegliches Hinderniß der freien Thätigkeit und des Gewerbfleißes, ob es auch durch Gewohnheit und Alter in den Meinungen vieler geheiligt und vom Eigennutz verteidigt wurde, soll also weggeräumt, jeglicher Gewerbs= zwang soll, wie noch vor kurzem an einigen Zünften geschehen ist, so überall verbannt werden.

Was aber höher und köstlicher ist, als Gewerbe und Verkehr, die Freiheit der Person ist allen Bürgern meines Staats ohne Unter= schied verkündet. Das geschah, als ich die Erbunterthänigkeit aufhob (9. Oktober 1807) und dadurch einen Stand freier Landbauer schuf, dessen Fleiß neuen Segen über euch alle verbreiten wird.

— — Wo nur ein Unterschied der Rechte zwischen Bürgern und Bürgern obwaltet, er soll fallen!" — —

Wahrlich, wir möchten das ganze Schriftstück hierhersetzen, als ein Denkmal der Gesinnung des Mannes, den wir gegen die Anschuldigungen eines Neidharts verteidigen sollen! Wir schämen uns fast dieser Vertei= digung, sie ist eine Beleidigung gegen den Verteidigten selbst!

Was wollen gegenüber diesen Zeugnissen aus der Zeit selbst, die matten Aufzeichnungen des alternden Stein sagen?

Wenn er in seiner Selbstbiographie in seiner bescheidenen Weise nur von einer „Aufhebung der persönlichen Leibeigenschaft in der preußi= schen Monarchie durch ein Edikt 1807" weiß, so haben wir gezeigt, daß es eine Zeit gab, wo er besser wußte, was er mit dem Edikt vom 9. Oktober geschaffen hat.

Wenn er sich schließlich erbittert gegen die „Hardenberg'sche Neue= rungssucht" in Maßregeln, die am Ende doch nur die Konsequenzen der seinigen zogen, ausgesprochen hat, so haben wir schon gesehen, daß er nur mit der Art, nicht mit dem Zweck der Hardenberg'schen Maßregeln un= zufrieden war.

Es liegen uns übrigens Aeußerungen vor, in denen er sein nach= heriges Einverständniß mit den nun einmal durchgeführten Veränderungen ausdrückt; so folgende [1]): „Diese unvollkommene und höchst drückende ländliche Verfassung wieder herzustellen, nachdem sie bereits seit fünf Jahren aufgehoben, wird wohl niemand rathen; man würde bei einem zahlreichen und achtbaren Stand, dem Bauernstand, der die Stärke des Staates ausmacht, einen tiefen und lebhaften Unwillen erregen, der um so gerechter wäre, da man drückende und verderbliche gutsherrliche Rechte

---

[1]) Pertz, V, S. 89.

wieder herstellte, ohnerachtet, daß eine sehr hohe Grundsteuer eingeführt worden".

Wenn nun Schön im Gegenteil behauptet[1]), Stein habe vor seinem Tode noch das Gesetz verwünscht, so erlauben wir uns diese Aeußerung so lange zu bezweifeln, bis von einem Verteidiger Schön's irgend ein Beleg dafür erbracht ist.

Schlußbemerkung.

Unsre Untersuchung ist zu Ende. Wir glauben darin einmal die allgemein verbreitete, zu enge Auffassung von dem Wesen des Edikts umgestoßen und berichtigt, dann die Darstellung, die Pertz von der Entstehung des Edikts giebt, und die von Vielen angefochten, von Niemand verteidigt worden ist, in nicht unwichtigen Punkten verbessert, und damit ihre Glaubhaftigkeit im Allgemeinen gerettet zu haben; wir hoffen dadurch eine rein objektive Vorgeschichte des Edikts lediglich aus dem vorhandenen urkundlichen Material heraus geliefert zu haben. Auch glauben wir den Beweis dafür erbracht zu haben, daß das Urteil, welches Schön bei Abfassung seiner Memoiren über Stein fällt, ein durchweg falsches, auf falschen Voraussetzungen beruhend, mit befangenem Sinne gebildetes war; endlich glauben wir teils selbstständig, teils im Anschluß an Ranke, Gneist, Seeley und Max Lehmann, die wirkliche Stellung der beiden Männer zur Durchführung des Reformprogramms klargelegt zu haben. — unsere Arbeit ist somit beendet. — Es erübrigt mir noch Herrn Prof. Dr. Oncken, auf dessen Anregung die vorstehende Arbeit unternommen worden ist, den wärmsten Dank auszusprechen, für die mannigfache Förderung meiner Studien überhaupt, wie insbesondere dieser Untersuchung.

Gießen, Sylvester 1884.

Hugo Ganz.

1) Siehe oben S. 15.

Ich bin am 24. April 1862 zu Mainz geboren, besuchte dort die Realschule I. Ordnung und absolvierte dieselbe August 1878. Alsdann bezog ich die Universität Leipzig als Student der Mathematik, wandte mich dann aber zur Philologie und Geschichte. Den Herren Professoren Springer und Hildebrand daselbst verdanke ich vielfache Anregung. Herbst 1880 bezog ich Gießen, woselbst ich vor allem unter der Leitung von Herrn Professor Oncken meine Studien vollendete. Außer ihm bin ich für mannigfache Förderung noch den Herren Professoren Braune, von der Ropp, Siebeck und Schiller zu besonderem Danke verpflichtet. Seit Erledigung meines historisch-philologischen Examens (das Maturitätsexamen wurde am 13. August 1881 durch eine Nachprüfung in Latein, Griechisch und alter Geschichte vollgiltig gemacht) bin ich Accessist am Großh. Gymnasium zu Gießen und zugleich ordentliches Mitglied des pädagogischen Seminars daselbst.